——————————— 님의 소중한 미래를 위해
이 책을 드립니다.

사람들 앞에서
쫄지 않고
당당하게
말 잘하고 싶다

마음에 꽂히는 스피치의 정석

사람들앞에서 쫄지 않고 당당하게 말 잘하고 싶다

박지현 지음

메이트북스

메이트북스 우리는 책이 독자를 위한 것임을 잊지 않는다.
우리는 독자의 꿈을 사랑하고,
그 꿈이 실현될 수 있는 도구를 세상에 내놓는다.

사람들 앞에서 쫄지 않고
당당하게 말 잘하고 싶다

초판 1쇄 발행 2018년 11월 1일 | **지은이** 박지현

펴낸곳 ㈜원앤원콘텐츠그룹 | **펴낸이** 강현규 · 정영훈

책임편집 최미임 | **편집** 안미성 · 이가진 · 이수민 · 김슬미

디자인 최정아 | **마케팅** 한성호 · 김윤성 · 김나연 | **홍보** 이선미 · 정채훈

등록번호 제301-2006-001호 | **등록일자** 2013년 5월 24일

주소 06132 서울시 강남구 논현로 507 성지하이츠빌 3차 1307호 | **전화** (02)2234-7117

팩스 (02)2234-1086 | **이메일** khg0109@hanmail.net

값 15,000원 | **ISBN** 979-11-6002-172-1 03190

이 도서의 국립중앙도서관 출판시도서목록(CIP)은 e-CIP홈페이지(http://www.nl.go.kr/ecip)에서
이용하실 수 있습니다.(CIP제어번호 : CIP2018031823)

말도 행동이고,
행동도 말의 일종이다.

· 랄프 왈도 에머슨(미국의 사상가 겸 시인) ·

발표의 출발점에서
막막함을 느끼는 분들에게

책을 써야겠다고 마음먹은 지는 오래되었습니다. 나름 부산스럽게 움직였던 것 같은데, 부족한 필력 때문인지 쓰면 쓸수록 쉽지 않아 나름 고생을 많이 했습니다. 그래도 여러 날의 고민을 더해 한 권의 책으로 만들어졌으니 재미있게 읽어주셨으면 합니다.

8년 정도 스피치와 관련된 일을 했습니다. 돈을 받고 하는 일이니 프로처럼 해야 했지만 실수도 참 많이 했고, 본의 아니게 부끄러운 일도 많았습니다. 그간 저와 함께 일해준 인연들에게 죄송하고 고맙다는 말을 전합니다.

'말로 인한 실수'에 대한 이야기가 대부분입니다. 저와 같은 전철을 밟지 않으셨으면 하는 마음으로 썼습니다. 정답을 보여드릴 수는 없지만 그래도 읽고 나면 말을 하는 데 있어 힘듦의 밀도가 조금 줄어들지 않을까 하고 생각해봅니다.

어쩌면 우리는 점점 말할 기회를 잃어버리고 있는 건 아닌지 생각해봅니다. 전화 대신에 카톡을, 만남 대신에 SNS 댓글로 서로의 안부를 주고받습니다. 사람을 만나는 것이, 누군가의 눈을 보고 이야기를 나눈다는 것이 점점 어렵다는 사실을 부쩍 실감합니다. 이렇게 부지불식간에 변화하는 삶에서 그래도 우리가 어떤 기회를 어닝하기 위해서는 남이 하지 않는 일을 해낼 때 기회가 온다는 것을 알기에, 그럼에도 불구하고 그 과정을 즐거운 마음으로 달려야 하는지 모릅니다.

저 역시도 아직까지 발표를 앞두고 걱정과 초조함, 스트레스로 하루를 보내는 일이 더 많습니다. 두렵고 긴장되는 일의 연속인 일이지만 그래도 그 위기를 넘기고 나면 기묘한 즐거움이 찾아온다는 것을 이젠 압니다.

그리고 그 힘듦을 견디는 과정이 나의 성장을 위해 쓰임을 믿어 의심치 않습니다. Easy come, easy go!

발표의 출발점에서 막막함을 느끼는 분들과 함께했으면 합니다. 감사합니다.

박지현 드림

차례

PART 1
발표만 하면
멘붕에 빠지는 이유

PART 2
준비는 완벽한데
왜 매번 실패할까?

PART 3
왜 하필 결정적 순간에
할 말을 까먹을까?

PART 4

뇌에 꽂히는
말의 방법

『사람들 앞에서 쫄지 않고
당당하게 말 잘하고 싶다』
저자 심층 인터뷰

'저자 심층 인터뷰'는 이 책의 심층적 이해를 돕기 위해 편집자가 질문하고 저자가 답하는 형식으로 구성한 것입니다.

Q. 『사람들 앞에서 쫄지 않고 당당하게 말 잘하고 싶다』를 소개해주시고 이 책을 통해 독자들에게 전하고 싶은 메시지가 무엇인지 말씀해주세요.

A. 우리는 살면서 많은 말을 할 수 있는 기회를 만나며 살아갑니다. 학교 반장선거에서 자신의 리더십을 말로 표현하고, 대학교 조별 발표시간에 과제를 통해 생각을 발표하기도 합니다. 취업을 위한 면접에서 나만의 경쟁력을 말로 어필할 수 있어야 하며, 회사에서는 보고와 프레젠테이션을 통해 자신의 의견이나 아이디어를 전달할 수 있어야 합니다.

자신의 분야에서는 전문성을 충분히 인정받고 있음에도 그 표현 앞에서 유독 자신감을 잃어버리시는 분들이 있습니다. 말하기를 제대로 배워본 적이 없기 때문이죠. 이 책은 발표만 하면 멘붕에 빠지는 분들, 말의 표현력 앞에서 답답함을 느끼는 분들, 결정적 순간에 할 말이 생각나지 않는 분들을 위해 '말의 준비방법'에 대해 담은 책입니다. 1장은 두려움을 긍정으로 바꾸는 발표 심리에 대해 기술했고, 2장은 전달력이 부족한 분들을 위해 말소리의 표현방법에 대해 담았습니다. 3장은 최단 시간에 최대의 아웃풋을 낼 수 있는 말의 기억훈련방법에 대해, 마지막 4장은 뇌에 딱 꽂히는 말의 방법들에 대해 정리했습니다. 발표의 출발점에서 막막함을 느끼는 분들과 함께했으면 합니다.

Q. 현재 프로젠터presenter로 활동하고 계신데요. 하고 계신 일에 대해 이 책과 연관 지어 자세한 설명 부탁드립니다.

A. 프레젠터presenter는 말 그대로 프레젠테이션presentation을 통해 발표하는 사람입니다. 예를 들면 기업에서 큰 금액의 계약 건을 체결하기 위해 이를 위한 평가과정이 필요하고 서류심사와 프레젠테이션 발표를 통해 업체선정을 하게 되는데요, 자사가 가지고 있는 역량을 증명하고 아이디어를 제안하는 경쟁 프레젠테이션인 만큼 설득력 있게 전달하는 것이 중요합니다. 그러기

위해선 잘 기억하고 잘 표현해야 하며, 무엇보다 당당히 말할 수 있는 자신감이 필요합니다.

저는 대학교 때부터 수많은 프레젠테이션 발표를 해왔습니다. 처음에는 프레젠테이션 한 개를 준비하는 데도 꼬박 한 달의 시간을 쏟을 만큼 정신적·육체적으로 상당히 힘들었던 기억이 있습니다. 물론 잘하지도 못했고요. 하지만 10개를 하고 100개를 해보면서 절대량을 쌓아가니 점점 요령이 생기기 시작했습니다. 최단 시간에 최대의 아웃풋을 만들어내기 위한 연습이 반복되면서 내공을 쌓을 수 있었던 거죠. 10년간 발표 준비를 하면서 겪었던 여러 가지 시행착오들과 경험, 그 과정에서 체득한 노하우를 바탕으로 말의 준비과정과 기억과정, 표현 방법에 대해 기술한 책입니다.

Q. 대중 앞에서 발표를 잘하거나 강연을 잘하기 위해 어떤 마음가짐을 가져야 하나요?

A. 말하기를 앞두고 사람들은 '오버씽킹over+thinking'에 빠집니다. 자신을 소개하는 발표, 업무와 관련된 프레젠테이션, 또는 중요한 행사의 스피치를 앞두고 나면 쓸데없는 걱정들로 마음이 초조해지고 불안해지죠. 잘해야겠다는 부담감, 실패하면 안 된다는 염려 때문입니다. 저는 이러한 마음이 들 때마다 늘 이렇게

생각합니다. "그럼에도 불구하고 한 번 해보자."

불안이 내 마음을 압도해도 용기 내어 그것을 해냈을 때 뒤에 오는 보람, 기쁨, 만족감 등은 기억 속에 긍정적인 경험으로 남게 됩니다. 그러면 다음을 도전할 수 있는 용기와 힘이 생깁니다. 이 책을 보고 계신 독자분들께서도 지금 이 순간이 무언가를 깨고 오르기 위한 문턱에 와있는 시점이라고 생각합니다. 두렵고 떨리지만 그럼에도 불구하고 '용기 내어 해보는 것', 이러한 마음가짐이 가장 중요하다고 생각합니다.

Q. 말을 떨지 않고 잘하기 위해 불안한 감정을 개념화해야 한다고 하셨습니다. '개념화'라는 것이 무엇인지요?

A. '개념화'의 사전적 정의는 추상적인 개념에 대해 행위자의 주관적·개별적 의미파악을 구체화하는 과정을 말합니다. 예를 들어 발표 직전 대부분의 사람들은 가슴이 뛰고 얼굴이 빨개지는 극심한 긴장상태를 경험하게 됩니다. 이와 같은 발표공포증을 몇 번 겪고 나면 어느 순간 발표를 피하려고 합니다. 왜냐하면 '발표=두렵고 떨리는 일', 이 2가지가 항상 연관 지어 생각되기 때문이죠. 이럴 땐 불안한 감정을 구체화해보는 행위, 즉 '개념화'가 필요합니다. 막연히 두려워하고 피하기보다는 왜 떨리는지에 대해 구체적 이유를 찾아보는 거죠. 불안의 감정들을 찾아본

후 객관적인 시선으로 바라보고, 이를 해결할 수 있는지 없는지를 생각해보는 것입니다.

불안한 감정을 구체적으로 개념화해두면, 그 실체가 분명해져 이전만큼의 두려움을 느끼지 않게 됩니다. 걱정거리가 있다면 그 감정을 '개념화'해보세요. 생각보다 두려운 일이 아니라는 것을 알게 됩니다.

Q. 발표나 강연을 할 때 공포심을 차단하기 위해 청중들에게 미소를 보여주는 방법이 있다고 하셨습니다. 자세한 설명 부탁드립니다.

A. '잘하고 싶다' '잘보이겠다' 등의 마음은 긴장의 원인이 됩니다. 타인이 나를 어떻게 바라볼 것인지에 대해 염려하기 때문이죠. '나를 싫어하면 어떡하지?' '내 이야기가 재미없으면 어떡하지?' '나를 비난하면 어떡하지?' 등 필요 이상의 걱정을 합니다. 특히 연단에 섰을 때 청중이 알 수 없는 표정을 보이면 불안이 더욱 크게 느껴집니다. 왠지 긍정보다는 부정의 의미로 생각되죠. 이럴 땐 미소를 'Give & Take'하는 데 그 답이 있습니다.

사회적 본능을 가진 인간은 다른 사람의 행동을 무의식적으로 모방하게 됩니다. 거울 뉴런의 신경세포가 특정 행동을 하거나 같은 행동을 하는 타인을 볼 때 활성화되기 때문이죠. 상대방의 무표정 때문에 왠지 모를 긴장감이 몰려온다면 미소를 지어

보이세요. 상대방 역시 우호적이어야 한다는 생각에 미소로 답할 확률이 높습니다. 어떠한 상황에서 의도하고자 하는 분위기를 표정으로 연출한 뒤 상대방이 그 행동을 따라 하도록 만드는 것을 바로 '카멜레온효과'라고 합니다. 즉 주는 대로 받는 거죠. 미소가 오가면 생각보다 좋은 컨디션으로 발표할 수 있는 힘이 생깁니다.

Q. 면접 또는 프레젠테이션을 완벽하게 준비했지만 결과가 좋지 않았다면 비언어적 신호에 문제가 있었는지 살펴봐야 한다고 하셨습니다. '비언어적 신호'가 무엇인지 설명해주세요.

A. 최고의 기업에 입사하기 위해 완벽한 스펙을 갖춘 취업준비생이 면접마다 수심 가득한 얼굴을 하고 있다면, 아무리 훌륭한 인재라도 같이 일하고 싶진 않을 겁니다. 야심 차게 준비한 최고의 사업계획을 불만 가득한 표정으로 전달해서는 안 되는 것처럼요. 긍정적인 워딩wording을 전하면서 부정적인 얼굴로 말을 한다든지, 열정적인 워딩wording을 말하면서 시종일관 불성실한 태도로 말을 전달한다면 누구에게든 신뢰를 얻기 힘든 법입니다.

심리학자 에이미 커디Amy Cuddy 교수는 자신의 역량을 최고로 끌어올리기 위해서는 프레전스presence가 중요하다고 강조합니다.

'프레전스'란 자신의 생각, 느낌, 가치, 잠재력을 최고로 끌어낼 수 있도록 조정된 심리상태를 뜻하는 말입니다. 즉 자신을 드러내야 하는 결정적인 순간에 그 상황과 자신을 연결해야 될 때 눈빛, 표정, 자세를 바로 고쳐 잡는 '프레전스'를 발휘해 원하는 결과를 얻어내는 겁니다. '나는 원래 무표정이야' '나는 원래 내성적이야'라고 단정 짓지 마세요. 마음은 행동을 지배하고, 행동은 마음을 지배하기 마련이니까요. 내 행동에 최면을 걸고 스스로를 응원하는 자세가 필요합니다.

Q. 부정확한 말소리를 교정하는 7가지 습관이 있다고 하셨습니다. 자세한 설명 부탁드립니다.

A. 말소리에도 모양이 있어서 대충 말하면 대충 전달됩니다. 말로 전달하고 말로 전달받는 상황에서 말소리가 부정확하면 손해를 보기 마련입니다. '어리숙하다' '전문가답지 못하다' '준비가 부족한 것 같다' 등의 오해를 받는다면 자신의 말소리를 객관적으로 점검해봐야 합니다. 말소리는 '혀의 움직임'과 '입술 모양'에 따라 발음이나 발성의 정확도가 좌우됩니다. 그래서 평소 조음습관이 매우 중요하죠. 말소리의 기본인 발음과 발성, 호흡을 훈련하는 7가지 말소리교정법을 이 책에 담았습니다.

예를 들어 단어의 모음을 길게 발음하면 강조의 효과가 있고,

호흡을 길게 두면 말이 분명하게 전달되는 효과가 있습니다. 사실 대부분의 사람들이 말을 할 때 그 표현방법에 대해 간과하는 경우가 많습니다. 지나치게 자료수정에만 매달려 말해보는 시간을 놓치고 만다거나 혹은 눈으로만 자료를 대충 보고 연습을 마치는 경우가 상당수죠. 관련 내용을 백번 잘 이해했다 해도 입 밖으로 소리 내어 말해보지 않으면 실수로 이어지기 마련입니다. 말소리를 정확하게 만드는 최고의 방법은 무엇이든 소리 내어 말해보는 습관입니다. 이 과정에서 자신의 부족함이 보이고, 절대량이 쌓을수록 말의 요령이 생기기 시작하니까요.

Q. 말을 잘하기 위해서는 뇌에 꽂히게 하는 방법이 필요하다고 하셨습니다. 구체적인 방법이 무엇인지요?

A. 누군가에게 어떤 내용을 전달할 때 주저리주저리 혹은 횡설수설하며 말할 때가 있습니다. 저 역시도 내 스스로도 잘 이해하지 못한 내용을 남에게 아는 척하며 설명할 때 유독 말이 길어지고 중심이 없어지는 것을 느낍니다.

말의 가장 좋은 전달 방법은 쉬우면서도 직관적이어야 합니다. 그래야 뇌에 딱 꽂힙니다. 예를 하나 들어보겠습니다. "이번 프로젝트는 최선을 다해 열정적으로 준비했습니다"라고 발표자가 말했습니다. 얼핏 듣기에는 좋은 표현 같지만 왠지 말이 두

리뭉실하게 느껴지지 않나요? 형용사나 부사 등 많은 표현들이 그렇습니다.

말이 뇌에 꽂히려면 머릿속에 분명한 그림이 그려지도록 말해야 합니다. "이번 프로젝트는 정치·사회·경제 각 분야 7명의 전문가들이 매일 3시간씩 브레인스토밍을 해 얻어진 결과물입니다"라고 구체적이면서도 구상적인 언어로 바꿔 말할 수 있어야 합니다. 구체적 행동 정의를 통해 말을 분명하게 전달하는 연습이 필요한 거죠.

이 밖에도 지식을 인풋하는 것보다 아웃해보는 연습을 더욱 많이 해야 합니다. 말할 내용을 그림으로 직접 그려보거나 프레임을 이용하면 도움이 됩니다. 또한 '너무 과한 정보Too Much Information'는 뇌에 과부하를 일으키니 꼭 필요한 것만 분명하게 전달하는 말의 습관을 길러야 합니다.

Q. 평소에는 말을 잘했지만 결정적인 순간에 해야 할 말을 잊어버려 낭패를 보는 이유는 무엇 때문일까요?

A. 우리는 어떤 것을 시간 내에 빨리 외우고 오래도록 기억하길 바랍니다. 그래야 학습에 효율적이니까요. 하지만 인간의 뇌 용량은 유한합니다. 한 번에 다룰 수 있는 작업기억working memory의 양이 제한되어 있습니다. 면접, 발표, 강연 등의 말하기는 전달

하고자 하는 콘텐츠를 잘 기억해두었다가 이를 필요한 때에 말로 재생할 수 있는 능력을 필요로 합니다. 문제는 어떤 사람은 아주 잠시 잠깐 준비했는데도 마치 자기가 알고 있었던 내용처럼 자연스럽게 술술 말하는 사람이 있는가 하면, 어떤 이는 하루 종일 연습에만 매진했는데도 정작 실전에선 입조차 제대로 떼지 못하는 경우가 있다는 것입니다.

사람의 기억력은 컨디션이나 외부환경적인 요소에 따라 민감하게 반응합니다. 뇌도 긴장하는 거죠. 시간에 쫓겨 기계적으로 외우다 보면 결정적 순간 기억이 재생되지 못할 확률이 높습니다. 작업기억의 용량은 유한합니다. 때문에 필요한 자극은 받아들이고, 불필요한 것들은 걸러낼 수 있어야 합니다. 이를 위해서는 선택적주의Selective attention를 통해 정보를 저장하고, 스키마Schema의 연결을 통해 기억을 정교화할 수 있어야 합니다. 또한 반복Repeat을 통해 인지유창성을 높여두면 언제든지 쉽게 떠올려 말할 수 있습니다. 기억해야 하는 지식이나 콘텐츠를 뇌가 좋아하는 형태로 잘 다듬어 기억해야 결정적 순간에 잊지 않고 잘 말할 수 있습니다.

Q. 발표를 하려고 하면 내용이 기억나지 않고 말소리가 떨려서 준비한 만큼 실력 발휘를 못하는 독자분들께 한 말씀 부탁드립니다.

A. 동일한 놀이기구를 타고 온 A와 B가 있습니다. A는 '두 번 다시는 타고 싶지 않다'라고 생각했고, B는 '다시 한 번 또 타고 싶다'라고 생각합니다. 이유가 뭘까요? 그것은 바로 '긍정 경험'을 쌓았느냐 그렇지 않느냐의 차이입니다. 발표도 이와 비슷한 로직logic을 갖습니다. 대부분의 사람들이 발표를 두려워하지만 그 쾌감을 느껴본 사람은 발표를 피하거나 부정적으로만 생각하지 않습니다. 동일한 상황을 두고 생각이나 감정을 어떻게 바꾸느냐에 따라 뇌의 생산성이 달라지기 때문이죠.

저 역시도 지금껏 실수나 실패라고 생각했던 부끄러운 경험들과 시간들 덕분에 조금씩 더 단단해질 수 있었습니다. 적당히 어려운, 어쩌면 불가능할 것 같은 것을 받아들이고 도전해보는 용기를 내보셨으면 합니다. 불안이 내 마음을 압도하더라도, 일을 멋지게 끝냈을 때 희열과 기쁨을 꼭 말을 통해 이뤄보셨으면 합니다.

불안한 감정을 구체적으로 개념화해두면, 그 실체가 분명해져
이전만큼의 두려움을 느끼지 않게 된다.
걱정거리가 있다면 그 감정을 '개념화'해보자.

발표만 하면
멘붕에 빠지는 이유

"선생님, 어떻게 하면 발표를 잘할 수 있나요?"

"네, 내용을 완벽히 숙지하시고, 연습을 많이 하시고, 할 수 있다는 자신 감을 가지고 하시면 됩니다."

말은 누구나 이렇게 쉽게 한다. 하지만 발표울렁증이 있는 사람에게 이런 말은 전혀 씨도 안 먹히는(?) 소리이다. 부끄러운 고백을 하자면 요즘 부쩍 발표에 불안함을 느끼고 있는 나를 발견, 한동안 마음 앓이를 했다. 현직 프레젠터로 활동하고 있고, "발표는 이렇게 하셔야 됩니다"라며 목소리 높여 교육하던 내가 발표공포증 때문에 괴로움을 느끼고 있는 것이었다.

대학원 입학 후 학내 조별 발표를 할 때 이상하리만치 심장이 쿵쾅거리고 초조한 마음이 들었다. 물론 강의나 입찰 PT를 시작하기 전에 긴장은 늘 있어왔지만, 어떻게 보면 별 것도 아닌 학교에서의 팀 발표가 떨리는 상황들이 나 스스로 납득하기 힘들었다. 내 순서가 다가올수록 심장이 밖으로 튀어나올 것 같은 떨림이 시작되었고, '쇼크로 쓰러지진 않을까, 발표가 중단되지 않을까, 비웃음을 사진 않을까?' 등의 오만가지 불안감이 가슴을 짓눌렀다.

이와 같이 부정적인 생각이 꼬리에 꼬리를 물고 계속될 때가 있다. 일어나지 않을 일에 대한 걱정(해봤는데 잘 안되면 어떡하지?), 타인의 심리상태에 대한 추측 (혹시 날 마음에 안 들어 하면 어떡하지?), 이미 일어난 일에 대한 끝

없는 자책(그때 그렇게 하지 말았어야 했는데, 나는 왜 이렇게 하는 일마다 왜 이 모양이지?) 등 부정적 느낌이 온 마음으로 전염되는 현상, 그것이 바로 오버씽킹overthinking이다.

특히 자신을 소개하는 발표, 업무와 관련된 프레젠테이션, 또는 중요한 행사의 스피치를 해야 하는 상황들을 앞두고 나면 시작 전부터 쓸데없는 걱정들로 마음이 초초하고 불안해지게 된다. 한마디 한마디 말할 때마다 사람들이 나의 모든 행동에 주목하는 느낌이다.

그리고 이러한 신체적 떨림이 자각되는 순간, 얼굴은 더욱 새빨갛게 달아오르고, 심장은 터질 듯이 요동친다. 설상가상으로 목소리는 원치 않는 바이브레이션을 하고 있고, 원고를 들고 있는 손은 파르르 떨려 걷잡을 수 없는 지경에 이른다. 중요한 사실은 어느 누구도 발표자를 괴롭히지 않았다는 것이다.

나의 마음을 끊임없이 괴롭히는 것은 다름 아닌 내 자신의 상상이었다. 지나친 염려와 걱정은 오버씽킹으로 나를 공포 속에 가두는 일이었다. 최선을 다해 준비했지만 막상 결정적 순간에 생각만큼의 실력을 발휘하지 못하는 일이 왕왕 벌어진다면, 나의 마음속 주문을 점검해볼 필요가 있다. '과연 나는 결정적 순간을 맞아 뇌에 어떠한 생각을 심어주고 있는 것일까? 필요 이상의 걱정인가? 아니면 할 수 있음을 외치는 긍정적 주문인가?' 뇌는 생각하는 대로, 말하는 대로 나의 행동을 이끌 뿐이다.

·········· **Mental** ··········

떨려죽겠다 vs.
설레죽겠다

어떤 사람들은 3루에 태어났지만
자신이 3루타를 쳤다고 생각하면서 인생을 산다.

베리 스위처

실수하지 않을 거야

"저기요, 틀렸어요. 그거 그렇게 설명하는 게 아닌데?"

"저게 뭐야?(수근수근) 잘 알지도 못하면서(수근수근)."

발표하는 일만 8년 가까이 해오고 있지만 이상하리만치 늘 긴장이 된다. 아마도 이것은 이 날을 위해 밤샘 준비하신 많은 분들의 노고가 나를 통해 멋진 힘을 발현해야 한다는 부담감 때문일 것이다.

발표 직전에 긴장감으로 심장이 두근거리고, 초조함에 입술이 바싹바싹 타오르는 순간, 사장님은 사람 좋은 미소를 지으며 말씀하신다.

"박 팀장, 실수하면 안 된다. 박 팀장, 틀리면 안 돼!"

"박 팀장, 떨지 말고 파이팅!"

사장님의 힘찬 파이팅에 왠지 이상하게 더욱 긴장이 된다.

'혹시나 실수하면 어떡하지, 저번처럼 실수하지 말아야 하는데….'

생각하고 싶지 않은 나쁜 상황들이 자꾸만 머릿속에 떠오른다. 다시 한 번 마음을 굳게 다잡아본다.

'그래, 지현아. 떨지 말자! 떨면 좋을 게 하나도 없어.'

'아… 근데 왜 이렇게 계속 떨리는 거지?'

인지언어학자 조지레이코프George Lakoff의 프레임이론frame theory을 조금만 관심 있게 지켜본다면, 지현이가 저지르고 있는 문제에 대한 답을 어렵지 않게 찾을 수 있다.

> 머릿속에 코끼리를 가장 확실하고 분명하게 떠올릴 수 있는 주문
> - '코끼리를 생각하지마.'
> - '코끼리를 생각하지마.'
> - '코끼리를 생각하지마.'

'코끼리를 생각하지마.' 이 문장을 본 우리 뇌는 언어적 메시지 자체의 진위를 해석하려 하기보다는 '~하지마'와 함께 따라온 '코끼리'라는 단어를 더 비중 있게 받아들인다. 그렇기 때문에 발표 직전에 내 마음을 향해 되뇌었던 말들 '떨리지 말자, 긴장하지 말자, 실수하지 말자'의 주문은 '~하지마'의 뜻과는 상관없이 따라온 단어(떨

림, 긴장, 실수)로 인해 연상되는 생각들로 두고두고 마음을 불안하게 만들 뿐이다.

피겨스케이팅 선수였던 김연아가 경기장에 들어서서 성호를 그으며 하는 기도를 기억하자. '실수하지 않게 해주세요'가 아니라 '오늘도 이 자리에 설 수 있게 해주셔서 감사합니다'라고 김연아는 시합전에 기도했다고 한다.

발표 직전 두려움의 감정

프레임frame은 세상을 바라보는 방식을 형성하는 정신적 구조물로, 우리가 사용하는 모든 언어에 연결되어 존재한다.

- 해봤어? 해를 보았느냐. vs. (경험)을 해봤느냐?
- 물이 반이나 남았네. vs. 물이 반밖에 안 남았네.

발표 직전 두려움의 감정은 심장 박동을 증가시키고, 손바닥에 땀이 나게 하는 등 신체적 증상으로까지 나타난다. 그래서 두려운 감정이 생기면 몸이 자동적으로 반응해 떨림을 인지하게 된다. 그런데 재미있는 사실 중 하나는 이러한 생리현상이 비단 두려울 때만 나타나는 건 아니라는 점이다. 긴장될 때와 초조할 때는 물론이고 즐거울 때와 흥분될 때도 몸으로 출력되는 표현은 거의 동일하게 나타난다. 이는 우리 몸의 교감신경계Sympathetic nerve system가 활성화되어 나타나는 현상으로, 감정만 다를 뿐 신체적 반응은 동일하게 나타난다.

▲ 부교감 신경과 교감 신경

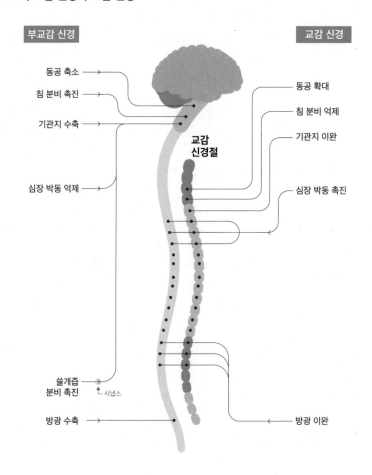

부교감 신경

동공 축소 →
침 분비 촉진 →
기관지 수축 →

심장 박동 억제 →

쓸개즙 →
분비 촉진 └시냅스

방광 수축 →

교감 신경절

교감 신경

동공 확대
침 분비 억제
기관지 이완

심장 박동 촉진

← 방광 이완

긴장이 되어도 두근두근거리고, 기분 좋은 설렘에도 두근두근거린다. 몸의 출력이 동일한 현상으로 나타날 때 이 두근거림을 어떻게 해석하는 것이 좋을까?

> 발표를 앞두고 심장이 두근거린다.
> 떨려죽겠다. vs. 설레죽겠다.

당연히 자신에게 이로운 방법으로 생각하는 것이 좋다. 지금 이 두근거림이 비록 두려움의 두근거림일지라도 이것을 내 마음에 이롭게 '기분 좋은 설렘이구나.' 하고 감정을 바꿔 생각하는 것이다.

뇌가 불안한 상황에 두근거림·흥분·심박수 상승 등으로 몸의 불안한 출력 신호를 보낼 때, 그리고 이것이 감지될 때 '아! 너무 떨려, 미치겠어. 도저히 못할 것 같아'라고 부정적으로 생각하는 대신 '아! 이건 내 몸이 보내는 긍정적 신호'라고 감정을 바꾸어 생각해볼 수 있다. 동일한 상황을 두고 생각이나 감정을 어떻게 바꾸느냐에 따라 뇌의 생산성이 달라지기 때문이다.

그럼 다시 묻겠다. 발표를 앞두고 가슴 터질 듯한 긴장감에 목이 타오를 때 나는 나에게 어떠한 언어를 주문하고 있는가? 그리고 그 언어는 나의 감정에 이로움을 주는가, 아니면 괴로움을 주는가?

Neuro Plasticity

말은 하면
할수록 는다

공부를 많이 하면 공부가 늘고,
운동을 많이 하면 운동이 늘고,
요리를 많이 하면 요리가 느는 것처럼
무언가를 하면 할수록 늘게 된다.
그러니 걱정하지 마라.
더이상 걱정이 늘지 않게!

그날 이후 나는 버스를 타지 않는다

잊히지 않는 트라우마가 있다. 몇 해 전 서울로 향하는 버스 안에서 갑자기 소변이 너무 마려웠던 적이 있다. 10분 전에 분명 휴게소 화장실을 다녀왔는데 또 신호가 오기 시작한 것이다.

문제는 터미널까지 도착하려면 족히 1시간 30분이 더 남았다는 사실. (그때만 생각하면…) 정말 생각도 하기 싫은 지옥 같은 경험이었다. 너무 고통스러워 눈물까지 뚝뚝 흘렸다. 다행히 최악의 상황(?)은 모면했지만 그 뒤로 웬만하면 버스를 타지 않는다.

발표를 좋아하는 사람은 거의 드물다. 부정적 경험이 대부분이기 때문이다. 물론 처음부터 그런 마음이 들었던 건 아니고, 실패했던 경험을 시작으로 뇌 회로가 부정적으로 변했기 때문일 것이다. 별 생각 없이 발표를 하게 되었는데 목소리가 떨리고, 심장도 두근거리는 자신을 불안한 상황으로 내모는 부정적 경험은 나의 뇌 회로에 '발표=하기 싫은 것'으로 기억을 남길 수밖에 없다.

발표를 직접 경험해보지 않았는데도 두려워하는 사람들은 발표를 어려워하는 이들의 모습을 간접경험으로 학습했기 때문일 것이다. 아이들이 주사를 맞기 전에 다른 아이가 우는 걸 보고 자기가 맞기도 전에 울음을 터트리는 것처럼 말이다.

본래 인간은 기본적으로 긍정적 감정(기쁨·행복·즐거움 등)보다는 부정적 감정(공포·불안·걱정·초조 등)에 더 민감하게 반응한다. 특히 사건이나 경험을 통해 느낀 부정적 감정은 오랜 기억으로 남게 된다. 그래서 비슷한 상황이 오면 본능적으로 부정적 감정들이 먼저 떠올라 스스로를 괴롭히게 되는 것이다.

그래서 더운 날은 냉면부터 떠오른다

행복을 느끼는 뇌 회로는 어떻게 만들어지는 것일까? 몸의 행복전달물질인 도파민^{dopamine}은 '뇌의 보상센터'라고 불리는 VTA에 있는 뇌세포에서 생성된다. VTA^{ventral tegmental area}(복측피개영역)는 쾌감을 느끼는 뇌 부위로, 맛있는 음식을 먹거나 즐거운 시간 등을 보낼 때 분비된다.

사람은 쾌감을 느끼면, 그것을 다시 하고 싶은 욕구가 생긴다. 무더운 여름날에 냉면 한 사발 들이켰는데 뼛속까지 시원해지는 짜릿함을 느꼈다면, 더운 날엔 '냉면'부터 떠올리게 된다. 그래서 여름엔 냉면집이 문전성시다. 비슷한 원리로 똑같은 놀이기구를 탔음에도 어떤 사람은 엄청난 재미와 쾌감을 느끼는 반면, 누군가에는 두 번 다시는 타고 싶지 않은 강력한 공포의 기억으로 남게 되는 것도 같은 이유에서다.

발표의 쾌감을 느껴본 사람은 무조건적으로 발표를 피하거나 부정적 존재로만 생각하지 않는다. 예를 들어 떨리는 마음으로 무대에 섰는데 큰 박수와 환호를 받았다든지, "자네, 오늘 보고 너무 좋았네! 보통 실력이 아니야"라고 사장님께 칭찬받는 등 긍정적 경험이 반복해 쌓인 사람은 발표를 또 해보고 싶은 욕구가 생긴다.

아이가 좋은 성적을 받아 부모로부터 칭찬을 들은 이후에 공부를 더 열심히 할 확률이 높아지는 것과 비슷한 원리이다. 부모의 칭찬이 보상reword으로 작용해 공부를 강화reinforcement하게 되는 것이다. 어떠한 행동의 강도(빈도·지속·기간 등)는 과거의 행동이 초래했던 결과에 의해 좌우되는데, 그 결과가 긍정적이면 행동의 강도가 증가하고, 그 결과가 부정적이면 행동의 강도도 감소하게 된다.

발표를 해냈을 때(행동)의 쾌감(보상)은 '발표=기분 좋은 설렘'의 시냅스를 뇌 회로에 생기게 한다. 불안이 내 마음을 압도함에도 불구하고 용기 내어 긍정경험을 반복해 쌓으면 변화를 이뤄내는 시발점이 되지만, 불안이 압도할 때 포기해버리면 성장의 기회를 저버리게 된다. 중요한 것은 뇌의 성질은 '여러 번 해보면 좋아하게 될 확률이 더욱더 높아진다'는 사실이다.

기린의 목은 처음부터 길지 않았다

쓰디쓴 소주도 깡으로 문제없이 마시던 때가 내게도 있었다. 하지만 숙취로 인해 몇 번 호되게 당하고 나서는 이젠 소주잔만 들이대도 알코올 냄새에 콧등이 찡그려진다.

소주를 마시지 않게 된 비슷한 이유로, 몇 년 전 허겁지겁 만두를 먹다가 사레가 들린 뒤로는 만두를 잘 찾아 먹지 않게 되었다. 만두만 봐도 목이 따끔따끔 아려오는 것 같아서다.

이와 반대인 경우도 있다. 첫 동남아여행에서 맛본 향신료 '고수'

는 그야말로 충격적인 맛이어서 먹고 나서 하루 종일 머리가 아플 정도였다. 그런데 지금은 고수 마니아가 되었다. 쌀국수에 한두 번 넣어 먹다가 그 맛에 중독되어 이제 고수가 빠진 동남아 음식은 밍밍해서 별맛이 없는 듯 느껴진다.

좋고 싫음은 본능으로 정해지는 부분도 있지만, 경험이나 학습을 통해 바뀌기도 한다. 뇌 회로가 변하기 때문이다. 뇌가 변하는 특징을 가소성plasticity(뇌가 말랑말랑한 찰흙이나 플라스틱처럼 변형가능하다는 개념)이라고 하는데, 시냅스연결구조에 변화가 생기는 현상이다.

뇌 회로를 변화시키는 가장 간단한 방법은 무엇일까? 반복적인 자극을 주면 된다. 어떠한 자극이 반복해서 들어오면, 뇌는 이를 처리하기 위해 회로를 만들고 연결성을 강화한다. 몸의 근육을 반복적으로 사용하면 힘이 생기고 신체적 과제를 더 잘 수행하게 되는 것처럼, 뇌도 과제를 반복해 수행하면 변하기 시작하는 것이다.

발표에서 연습이 중요한 이유도 바로 여기에 있다. 내 몸이 완전하게 기억할 수 있도록 반복적 자극을 주는 것이다. 자극을 통해 행동을 기억하는 우리 뇌는 첫 번째 자극 이후 두 번째, 세 번째 자극을 계속 기다린다. 그러다 기다리던 자극이 들어오지 않으면 '안 써도 되는 행동기억인가 보네.' 하고 머릿속에서 지워버리게 된다.

즉 뇌 가소성은 자주 사용하지 않는 부위는 약하게 만들고, 반대로 자주 사용해 반복하는 부위는 점점 더 능숙해지도록 만든다. 오락 게임을 처음 시작할 때의 손놀림은 더디고 굼뜨지만, 어느 정도

익숙해졌다 싶으면 손이 보이지 않을 정도로 빨라지게 되는 것을 볼 수 있지 않은가?

처음 시작은 누구나 느리고 굼뜨기 마련이다. 그래서 어색하고 미숙하다. 뇌가 아직 완전히 기억하지 못했기 때문이다. 그래서 '반복 또 반복'이 필요하다. 능숙하게 기억할 수 있을 때까지 반복해 사용해주면 뇌는 조금씩 기억을 쌓으며 능숙한 행동을 하기 위해 다음을 준비하고 있게 된다. 뭐든지 쓰면 쓸수록 잘하게 되어 있다.

> 용불용설Theory of Use and Disuse, 用不用說
>
> 프랑스 진화론자 J.라마르크는 '기린은 원래 목이 짧았으나 높은 곳에 있는 잎을 먹기 위해 목을 길게 늘이게 되었고 그 결과 목이 긴 기린으로 진화했다'고 주장한다. 생물에는 환경에 대한 적응력이 있어 자주 사용하는 기관은 발달하고, 그렇지 않은 기관은 퇴화한다는 이론이다.

잘하고 있지 않아도 '자라고 있다'

흥이 많아 몸을 들썩거리는 것은 좋아하지만, 생각보다 몸이 잘 안 따라준다. 몸도 찌뿌둥하고 삶에 활력도 불어넣을 겸 '방송댄스교실'에 등록했다. 내가 선택한 반은 아줌마들이 대부분이었다(물론 나도 아줌마). 그 모습을 보고 '그래도 내가 여기 있는 아줌마들보다는 잘하겠지.' 하는 마음으로 호기롭게 리듬에 몸을 맡겼다.

그런데 음악이 흐르면 흐를수록 내 의지와 상관없이 계속 반 박자씩 늦는 엇박자를 타며 우스꽝스러운 몸짓이 계속되었다. 심지어 내가 무척이나 만만하게 봤던 아주머니들이 나의 댄스를 지적해주고 있는 것 아닌가? 살짝 자존심이 상했다.

하지만 이게 나의 현실이었다. 그냥 눈으로 봤을 때는 '짠' 하면 '딱' 하고 뭔가 될 것만 같았는데 직접 몸을 움직여보니 생각보다 쉽지 않았다.

그러면서 내가 진행하는 수업의 학생들의 모습이 문득 떠올랐다. '같은 마음' '같은 모습'이었겠구나 싶었다.

"선생님, 원래부터 발표를 잘하셨나요? 저는 몇 번 해봤는데 너무 떨려서 못하겠어요."

"선생님, 원래부터 목소리가 좋으셨나요? 저는 몇 번 연습해봤는데 잘 안 바뀌네요."

이런 질문에 담긴 의도는 크게 2가지 일 것이다. 무에서 유를 만들어가는 과정중 정확한 방법을 몰라 그에 따른 노하우를 듣고 싶거나, 또는 노력하는 과정에서 그 변화가 가시적으로 보이지 않을 때 먼저 경험한 사람의 희망적인 답을 통해 동기부여를 기대하기 때문일 것이다.

'원래부터'라는 것은 없다. 무엇이든 무에서 유가 되려면 그 과정이 존재하기 마련이다. 우리가 어떤 것을 잘한다는 것은 뇌에서 '그것을 할 수 있는 능력', 즉 새로운 신경회로가 만들어졌다는 것을 의미한다.

하지만 뇌가 이것을 잘 사용하지 않거나 쓰지 않을 경우(몇 번 사용해보고 '에이, 못하겠다'고 포기하는 경우), 회로를 자꾸 없애려 한다. 끊어지지 않는 단단한 회로를 만들기 위해서는 '몇 번 해봤는데'에서 그치는 것이 아닌 '계속 해봐야 하는' 지속성이 관건이 된다.

반복사용에 의해 얻어지는 굳은살처럼, 신경회로는 반복 자극에 의해 강화되고(매일같이 연습 또 연습) 더욱 단단해진다. 물론 회로가 단단해지면 전달 속도 또한 빨라져 학습 효율 역시 덤으로 좋아지기 마련이다.

하다 보니 그렇게 됐어요

어떤 일을 수행할 때 잘하는 수준을 넘어 경지에 오른 이들을 흔히 '달인'이라 부른다. '저게 어떻게 사람의 힘으로 가능하지?' 할 정도의 놀라운 능력을 가진 이들이 많다. 손의 감각만으로 쥐고 있는 초밥의 밥 알 갯수를 정확히 맞추는 달인, 한 번의 손놀림에 원하는 방향으로 드럼통을 정확히 이동시키는 달인, 기계보다 더 빠르게 카운트를 맞춰내는 달인 등 수십 년간 한 분야에 종사하며 부단한 열정과 노력으로 달인의 경지에 이르게 된 것이다.

업과 관련해 일련의 행위를 끊임없이 반복하다 보니 마치 기계와 같은 속도와 정확도를 구현한다. 이들에게 "어떻게 이렇게 빠른 속도로 일을 정확하게 처리할 수 있냐"고 물어보면 답은 심플하다.

"그냥요."

"오랜 시간 이 일을 하다 보니 그렇게 됐어요."

기술은 경험과 경륜을 통해 구현된다. 그래서 상당 시간 동안 의식적^{conscious}으로 배우고 연습해야 한다. 그러다 동작이 완전히 몸에 익으면 점차 의식하지 않고도 그 일들을 '그냥' 할 수 있게 된다. 달인들은 자기가 왜 잘하는지 그 이유를 서술적으로 설명해내지는 못하지만, 몸이 이를 자동적으로 기억해낸다. 이것이 바로 흔히 말하는 직감이다.

직감은 판단이 빠르고 정확하며, 경험에 의해 단련되는 특징을 가지고 있다. 반복훈련을 거친 사람의 뇌는 보기만 해도 자동적으로 직감이 작동된다. 엄마들이 계량기를 사용하지 않아도 간을 정확히 맞춰내는 것처럼(그래서 가끔 간이 안 맞기는 한다), 집에 들어갈 때 현관문 번호에 손이 먼저 반응하는 것처럼(만취했음에도 불구하고 집에 용케 들어간다) 말이다. 직감은 학습의 결과이며 수많은 경험이 뒷받침되어 있다.

경험이나 오랜 기간의 숙련을 통해 자연스러운 행위가 되는 기억을 절차 기억^{procedural memory}이라고 한다. 여기에는 중요한 2가지 특징이 있다.

첫째, 반복훈련을 해야만 익힐 수 있다. '자연스럽고 능숙하다는 것=어떤 것을 할 수 있는 행동근육이 키워진 상태'를 말한다. 이 행동근육은 한 번 해서는 절대 잘할 수 없고, 반복하지 않으면 더더욱 기억해내기 어렵다. 따라서 이것을 해낼 수 있는 최소한의 '절대량absolute quantity'이 필요하고, 그 양이 채워지고 나면 몸은 자동적으로 반응하게 된다.

둘째, 무의식에서 자동적으로 이루어진다. 운전대를 이제 막 잡은 초보드라이버에게는 운전한다는 것 그 자체가 공포다. 손끝과 발끝, 온몸의 감각기관이 극도로 민감해지며 운전하는 내내 차선, 사이드미러·백미러·핸들 방향, 옆 차, 신호등 색깔 등 모든 것을 의식하게 된다. 즉 어떤 것을 잘한다는 것은 '의식Conscious'이 아닌 '무의식Unconscious'상태가 되어 몸이 움직여야 하는 것이다.

일상생활의 대부분의 행위나 행동도 실제 우리 뇌에 의식하는 부분은 5%에 불과하다. 나머지 95%는 무의식층에서 이루어진다.

- 밥을 먹을 때 젓가락질을 의식하고 먹는가?
- 양치질을 할 때 손의 움직임을 의식하는가?
- 달릴 때 뛰는 나의 모습을 의식하는가?

초보자와 전문가의 차이는 연습량과 경험의 차이에 기인한다. 그리고 여기에서 행위의 디테일detail이 만들어진다. 컴퓨터 초보자는 손끝의 움직임을 하나하나 의식하며 일명 '독수리타법'을 구사하지만, 컴퓨터를 능숙하게 다루는 사람은 키보드 자판을 보지 않고도 작업을 정확하게 수행해낸다.

뇌는 에너지 절약을 위해 긍정적 결과를 초래했거나 부정적인 결과를 방지해주었던 모든 경험과 행동을 자동화하려고 시도한다. 그래서 일단 습득해두면 의식적인 회상 없이도 자동적으로 인출된다.

몸의 기억은 과거의 경험이 현재의 것을 수행하는 데 있어 많은 도움을 준다. 그래서 반복 또 반복이 필요하다.

▲ **학습의 주기(The Learning Cycle)**

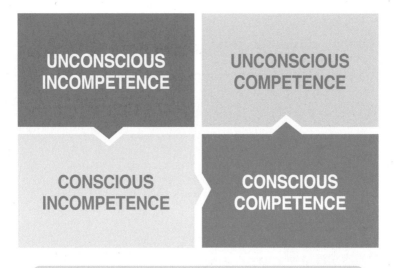

1. 무의식적무능 Unconscious Incompetent: 알지도 못하고 하지도 못하는 단계
2. 의식적무능 Conscious Incompetent: 알고는 있는데 잘하지는 못하는 단계
3. 의식적유능 Conscious competent: 알고는 있지만 계속 의식하면서 하는 단계
4. 무의식적유능 Unconscious competent: 의식하지 않아도 잘할 수 있는 단계

상상만으로도 잘할 수 있다

변화가 피부로 확 와닿지 않을 때가 있다. 단발에서 긴 머리로 기르는 과정중 어깨쯤 정체되어 있을 때 짜증은 그 극에 달한다. '아C, 잘라, 말아.'

대부분의 여자들은 어깨 선을 넘었을 때 이 고비를 넘기지 못하고 결국 잘라낸다. 하지만 나는 이 고비를 무사히 넘겨 머리를 길게 기르는 데 성공했다. 자르고 싶은 충동이 하루에 열댓 번도 더 나를 흔들었지만 예뻐졌을 때의 나를 상상하며 참고 또 참았다.

변화를 시도하는 과정에서 '지속할까? 말까?'의 내적 갈등이 올 때 나는 성공했을 때의 모습을 상상하고 또 상상한다. "어머, 지현아 언제 머리를 이렇게 길렀어? 긴 머리 너~~무 잘 어울린다"라고 말해주는 주변인들의 뜨거운 반응을 상상하면 인내하는 열정은 더욱 팔팔 끓어오른다.

'비비디 바비디 부(〈신데렐라〉에 등장하는 요정이 자신의 소망이 실현되기를 바라며 외우는 주문)'의 간절함으로 마법 같은 일이 벌어지는 것을 흔히 '기적'이라고 말하지만, 어쩌면 이는 뇌의 특성에 기인한 필연적 인과관계의 결과인지 모른다. 뇌는 바라면 바랄수록 그것을 현실로 가능하게 만드는 강력한 힘을 가지고 있기 때문이다.

무언가를 하고 싶다는 바람^{wants}, 욕구^{needs}, 동기^{motivation} 등은 몸의 긴장상태를 유발하고 신경전달통로를 강화시켜 목표지향적 행동을 활성화한다. 예를 들어 축구를 볼 때 결정적 장면에 힘이 들어가거나 비행기 기체가 흔들리면 나도 모르게 의자를 꼭 잡는 등 무언가를 상하게 생각하면 자연히 몸도 따라 움직이게 된다.

이렇게 생각과 몸의 움직임이 직접 연동되어 나타나는 현상을 관념운동ideomotor이라고 하는데, 일반적인 운동이 감각 자극에 반응하는 것과 달리 사고 과정에 수반해 반응하는 운동이다. 관념운동은 실시할 과제를 상상으로 연습해서 동작수행을 정확하게 유도한다. 때문에 순간의 찰나로 승패를 결정짓는 스포츠 선수들은 상대방의 공격에 어떻게 대처할 것인지 머릿속으로 그리는 훈련을 실시한다.

눈을 감은 상태에서 무언가를 떠올리고 상상하면, 뇌는 그 자극을 강렬하게 받아들여 기억으로 저장하게 된다. 눈을 감는 행위는 인간이 받아들이는 외부 정보의 70~80%에 해당되는 시각정보를 차단함과 동시에 뇌에게는 또 다른 새로운 환경을 제공한다.

상상은 뇌에게 미리 어떤 것을 간접 체험하게 하는 행위다. 발표를 잘하고 싶다면 발표를 성공적으로 해내는 나의 모습을 반복적으로 상상해보면 된다. 떨지 않고 당당하게 말하는 모습, 여유롭게 청중과 대화를 주고받는 모습, 발표를 성공적으로 마무리 지었을 때의 모습 등을 그냥 머릿속으로 행복하게 그려보면 된다.

비록 처음 접하는 상황에 어색하고 서투를지 모른다. 뇌의 입장에서는 (상상으로) 경험해봤기 때문에 낯설지 않게 느낀다. 경험치가 있으면 잘하기 마련이다. 그러므로 상상만 해도 잘할 수 있다.

································ **Nervous** ································

긴장으로 인해 호흡조차
가누기 힘들 때

가장 강력한 기생충이 뭘까요?
박테리아?
바이러스?
생각입니다.
죽이기도 힘들고, 전염성도 강해요.

웃는 표정엔 침을 못 뱉는다

뭐든 시작하기 전이 제일 무섭고 막막한 법이다. 떨리는 마음을 부여잡고 연단으로 걸어갈 때, 인사를 건네며 말을 이어가는 순간, 발표자는 가장 초조하고 가슴이 떨리기 마련이다.

서른 살이 넘은 나에게 '주사'는 아직도 무섭게 느껴진다. 뾰족한 바늘이 내 살 속으로 들어오는 그 직전의 순간이 어마무시한 공포를 주기 때문이다. 발표 직전에도 이런 공포심이 마음속에 존재한다.

발표 공포를 극복하기 위한 전략 중 하나로 나는 미소를 선물한다. 연단 위에 서서 약 2~5초 사이의 여백Pause을 두고 청중을 향해 먼저 환하게 미소 지어본다. 이때 청중의 반응은 딱 2가지다.

그 수가 어찌 됐든 나를 향해 웃어주는 사람이 단 한 사람이라도 있다면 일단 마음에 위안이 된다. 왠지 응원군이 생긴 느낌이다. 정말 최악의 경우 모두 내 발표를 비난하고 조롱할지라도 방금 웃어준 사람은 "괜찮아요, 지현 씨! 그럴 수도 있죠"라며 나를 다독여줄 것 같은 심리적 위안을 받는다.

실제로 연단 앞에 서게 되면 심장이 터질 것 같고, 호흡조차 제대로 가누기 힘든 순간들이 왕왕 찾아온다. 그때 '웃는 표정'을 지음으로써 청중과의 부드러운 분위기를 만들어놓으면 잠시 호흡을 고를 수 있고, 여유를 찾을 수 있다.

그럼에도 불구하고 긴장이 잘 안 가신다면, 내 마음속에 있는 말을 솔직하게 '커밍아웃' 해보는 것도 나쁘지 않다. "오늘 발표를 위해서 어제 밤새 준비했는데 막상 앞에 서니 무지 떨리네요. 후~ 그래도 한번 열심히 해보겠습니다. 하하하"라며 떨리는 마음을 솔직히 고백해도 좋다.

앉아 있는 청자 역시 무대에 서서 떨리는 마음으로 무언가 발표한 경험이 있다면, 그 마음을 충분히 이해할 것이다. 그렇지만 떨리는

내 마음을 솔직히 고백하는 이 멘트를 습관적으로 남발하지는 마시
길! 적재적소에, 적당한 타이밍에 하는 것이 좋다.

시험 당일 아침, 친구들은 너나 할 것 없이 이렇게 말한다.
"나 이번 주에 공부 하나도 못했어."
"나 요즘 노느라 책 하나도 못봤어."
핑계 만들기self-handicapping strategy 또는 구실 만들기 전략이다(Berglas&Jones,
1978). 실패를 하더라도 스스로의 능력에 대한 자책보다 구실 탓을 할 수 있고,
그런 구실에도 불구하고 성공한 경우 자신의 자긍심을 부추길 수 있기 때문
이다. 자신의 수행이 좋지 않을 때, 또는 실패에 대비해 자기 비난을 피하려
는 행위 중 하나이다.
'제가 오늘 컨디션이 안 좋아서…'
'제가 바빠서 준비를 많이 못했지만…'
'제가 많이 부족하지만…'
자신에 대한 타인의 기대를 감소시켜 비판을 최소화하려는 방어적인
defensive 전략이다. 하지만 구실경향이 높은 사람일수록 과제 수행력이 떨어
지고 자긍심도 낮아진다는 연구결과들이 있다(Zuckerman etal, 1998). 그러므
로 지나친 핑계 만들기 발언은 삼가는 것이 좋다.

불안한 감정은 개념화하자

몇 달 동안 확 떨쳐지지 않는 고민과 스트레스가 있어 혼자 궁시
렁대기 일쑤였다. 그런데 얼마 전 한 칼럼을 읽다가 이것이 바로 '셀
프인지치료'라는 것을 알게 되었다.

생각이 복잡할 때 자신도 모르게 중얼거리는 이유는 바로 '개념화'가 일어나기 때문이라는 것이다. 이러한 걱정과 고민을 깔끔하게 떨쳐낼 수 있는 방법 중 하나는 '그 내용을 구체적으로 적어보는 것'이었다. 하루 종일 괴로운 것보다는 나을 것 같아서 '믿거나 말거나 한번 해보자.' 하는 마음으로 걱정거리들을 노트에 적어갔다.

한 글자 한 글자 노트에 적으면서 느낀 점은 '뭐야? 별 문제 아니잖아?'라는 생각이었다. 머릿속을 내내 괴롭히던 걱정들을 글자로 적어놓고 보니 정말 별 게 아니어서 허무할 정도였다. 문제를 객관적으로 볼 수 있는 제3자의 눈이 생긴 느낌이랄까?

실제로 〈사이언스Science〉 지에 실린 시카고 대학교 베일로sian beilock 박사팀 연구에 따르면 중요한 일을 하기 직전 긴장감에 휩싸일 때 그 불안감을 메모지에 적어보면 불안감이 사라진다고 말한다. 시험에 앞서 느끼는 심경, 불안감 등을 자유롭게 쓰게 한 집단이 그렇지 않은 집단보다 시험점수가 더 좋게 나왔다는 연구결과였다. 불안한 감정을 개념화해두면 불안의 실체가 분명해져 더이상 정서적 위협이 되지 않기 때문이라는 것이다.

그러니 중요한 일과 관련된 걱정이 있다면 일단 한번 적어보자. 적다 보면 내가 걱정했던 것이 생각했던 것보다 별 게 아니었음을 알게 되고, 문제의 원인을 조금 더 객관적으로 바라보게 된다. 무엇보다도 걱정거리를 내 마음에 이로울 수 있도록 긍정적으로 리프레이밍Reframing하고 있는 나를 발견하게 된다.

내 이야기 안으로 들어오세요

발표를 시작할 때 호흡을 제대로 컨트롤하지 못하는 경우가 많다. 그래서 대부분 준비한 멘트를 따발총 총알 쏘듯이 "다다다(?)" 하고 뱉어버린다. 그러면 청중은 중간에 끼어들 틈이 없다. 그냥 조용히 지켜볼 뿐이다.

갑자기 적막해진 기운을 감지한 발표자는 '어, 뭐가 잘못 됐나? 왜 이렇게 반응이 없지? 발표가 재미가 없나?' 하는 불안한 마음이 들기 시작한다. 그럴수록 말은 더 빨라지기 시작하고, 불안함은 걷잡을 수 없이 커져버린다.

발표할 때 불안한 마음을 줄이고 싶다면 듣는 이를 '관전자觀戰者' 가 아닌 '참여자參與者'로 만들어야 한다. '참여자'로 만드는 방법은 간단하다. 그들에게 '질문'을 던짐으로써 '대답'을 유도해 발표에 집중하게 만들어야 한다.

- "이 현상을 가장 잘 설명해주는 용어가 바로 '번아웃신드롬Burnout Syndrom' 인데요, 혹시 이 용어에 대해 알고 계시거나 또는 경험해보신 분 계신가요?"(거수 유도)
- "이처럼 식욕은 색깔과도 밀접한 관련이 있는데요, 식욕을 감소시키는 데 영향을 주는 색깔은 과연 무슨 색일까요?" (관련 답이 쉽게 나오지 않을 경우 객관식 보기로 힌트를 준다.) 네! 그래서 보기를 준비했는데요, 1번 파란색, 2번 녹색, 3번 노란색입니다. 답은 1번 '파란색'입니다."

주제와 관련된 질문을 던지면 청중은 답을 하게 되고, 이 과정에서 상호교류가 이뤄지면서 분위기는 화기애애해진다. 이때 발표자는 자신이 준비한 틀 안에서 청중이 움직이는 모습을 보며 분위기가 긍정적으로 흘러감을 느끼게 되고, 이로 인해 불안한 마음을 한결 덜어낼 수 있다.

숨을 쉬어야 안 떨린다

강의 중 가장 빈번하게 오가는 Q&A 중 하나는 "긴장을 하면 말이 빨라지는데 이를 어떻게 해결할 수 있느냐"이다.

심리상태는 호흡에 영향을 준다. 마음이 초조해지고 잘해야겠다는 생각이 앞서면 호흡이 가빠져 말도 빨라지게 된다. 이는 자신이 의식하지 못하는 무의식적 상태에서 나타나는 현상중 하나로, 이 문제의 가장 좋은 해결 방법은 그냥 숨을 쉬는 것(?)이다.

- 말을 멈춘다. 그리고 숨을 쉰다.
- 물을 마신다. 그리고 숨을 쉰다.
- 보드에 무언가를 적는다. 그리고 숨을 쉰다.
- 질문을 한다. 그리고 숨을 쉰다.

숨을 쉬면 호흡에 여유가 생긴다. 호흡이 편안해지면 말의 속도가 정상 템포로 돌아오고, 목소리도 덜 떨린다. 숨을 쉼으로써 무의식을 의식으로 바꾸는 행위다.

긴장을 다스리는 방법 중 하나로 이와 유사한 정지법^{Quitter}이 있다. 마음을 전환하는 방법으로 자신의 몸에 어떠한 자극을 줌으로써 감정흐름을 중단하는 것이다.

자료를 보면서 하는 발표라면 '천천히'라고 메모해둔다거나, 또는 말이 빨라짐을 느꼈을 때 손마디를 의식적^{conscious}으로 움직이면 이로 인해 무의식이 의식으로 바뀌면서 긴장으로 인해 일어나는 행동들을 제어할 수 있게 된다.

Reframing

내 탓이 아니라
뇌 탓이다

스트레스에 대응하는 3가지 방법.
첫째, 상황을 바꾼다
둘째, 상황을 떠난다.
셋째, 상황에 대한 내 생각을 바꾼다.

감정의 2가지 안경

모든 일에는 잘될 때도 있고, 반대로 그렇지 않을 때도 있는 법이다. 만약 결과가 전자의 경우일 때는 "니나노 늴리리~~ 야호 야호"를 백만 번쯤 외치며 기쁨을 맘껏 즐기면 되지만, 결과가 후자일 경우에는 그렇지 않은 상황(몹시 화가 나고 우울한 상황)에 나의 마음을 어떠한 방식으로 리프레이밍Reframing할 것인지 생각해봐야 한다. 그리고 이런 대처능력에 따라 내 삶에 지혜가 생기느냐, 그렇지 않느냐가 결정된다.

긍정은 그것이 좋든 싫든 내 멘탈에 좀더 좋은 방향성을 부여할 수 오랜 기간 사귀던 연인과 헤어졌다. 화가 난다.

- 네가 어떻게 나한테 이럴 수 있어! 나쁜 놈! 너도 한번 당해봐!
  - 폭행을 휘두르고 교도소에 수감된다.
- 네가 어떻게 나한테 이럴 수 있어! 나쁜 놈! 그래, 너같이 나쁜 놈과 지금 이라도 헤어질 수 있다니 이 얼마나 불행 중 다행이야! 금방 털어내고 말 겠어! 더 좋은 사람 만나 네 코를 납작하게 해주지.
  - 지성과 미모를 가꿔 더 멋진 훈남(훈녀)를 만난다.

면접에서 또 떨어졌다. 한두 번도 아니고 화가 난다.

- 나 같은 이런 능력자를 몰라보다니! 그리고 너네 회사가 잘될 줄 알아!
  - 분노를 식히지 못해 하루 종일 씩씩거리다가 홈페이지에 욕을 퍼붓는 글 을 도배한다. 결국 명예훼손 죄로 고발당한다.
- 나 같은 이런 능력자를 몰라보다니! 실력을 키워서 멋진 명함을 들고 나타 나겠어! 기대해봐, 김부장!
  - 실력과 내공을 키워 더 좋은 회사에 들어간다.

결혼식 당일에 천둥 번개를 동반한 비가 온다. 화가 난다.

- 아니! 고민해서 좋은 날로 잡았는데 이게 뭐야! 진짜 짜증나! 첫 시작부터 왜 이렇게 되는 일이 없어. 내 결혼생활은 종쳤네.
  - 신혼여행부터 버럭 짜증을 낸다.
- 어머, 결혼식 날에 천둥 번개를 동반한 비가 오다니, 이거 웬열! 옛말에 결 혼식 날 비가 오면 잘산다고 하잖아. 천둥 번개까지, 이거 대박이다!
  - 룰루랄라~ 행복한 신혼여행을 보낸다.

있도록 자신을 마인드 컨트롤하는, 매우 능동적인 행위이다. 하지만 부정은 처한 상황에 감정을 여과 없이 흡수해 자신의 정신과 마음을 상하게 하는, 매우 피동적인 행위임을 알게 된다.

나 역시 발표를 평가받는 자리에 있다 보니 자신감은 물론 자존감 까지 바닥을 치고 내려가는 감정을 경험할 때가 많다. 그럴 때마다 늘 부정적 감정이 나를 휘감았다.

'왜 그때 그런 실수를 한 거야.'

'너무 부끄럽고 창피하다.'

'미치겠다, 하기 싫다.'

　하지만 그런 말을 되뇌면 되뇔수록 그 말을 했던 상황의 좋지 못 한 기억들까지 함께 떠올라 좋았던 기분도 금세 나락으로 떨어지고 말았다. 어두운 감정에 잠식당해 나를 더욱더 우울하게 만드는 1도 이로울 게 없는 행동임을 깨달았다.

　어떤 상황에서나 격한 감정이 휘몰아칠 때는 그 감정에 휩싸여 더 크게 우울해하기보다는 내 마음 안에 일어나는 생각과 감정을 알아 차려야 한다. 그리고 그 상황을 돌려도 보고 뒤집어도 보면서 어떻 게 행동하는 것이 자신에게 이로움을 줄 수 있는지 곰곰이 생각해봐 야 한다. 뇌는 어떠한 감정의 안경을 쓰느냐에 따라 그에 맞는 에너 지를 만들어내기 때문이다.

- 편안한 마음으로 나는 이보다 더 중요한 발표도 거뜬히 이겨냈어. 이것 쯤 은 아무것도 아니잖아? 훗~
- 설레는 마음으로 오늘을 위해서 얼마나 열심히 준비해왔는데, 아마 내 발 표를 들으면 다들 깜짝 놀랄걸. 호호호~

내가 마음을 고쳐먹는 것

플라세보 효과placebo effect, 피그말리온 효과Pygmalion effect, 로젠탈 효과Rosenthal Effect 등은 '자성예언self-fulfilling prophecy'의 심리적 기제가 작용해 믿고 바라는 것이 실제로 이루어지게 되는 현상들이다.

심리학자인 다니엘 카너먼Daniel Kahneman은 제한적 합리성bounded rationality 메커니즘을 제시하며 뇌가 최대한의 쾌감을 얻을 수 있는 방법을 계산하기 때문에 이 같은 현상이 나타난다고 주장한다. 어쩌면 내 안에서 일어나는 감정들은 긍정적 감정보다는 부정적 감정들이 더 강하게 지각될 때가 많다.

'프레이밍'에 관한 이 챕터를 몇 번이고 고쳐 쓰는 지금 이 순간에도 정작 내 마음은 오버씽킹과 끊임없이 싸우고 있음을 용기 내어 밝힌다. 하지만 그럼에도 불구하고 그 힘든 과정을 이겨내는 일, 내 마음속에서 털어버리는 방법은 결국 단 한 가지, '내가 마음을 고쳐먹는 것' 그것 뿐이다. 그래서 가끔은 소주 한 잔이 필요한지도 모른다. 내 감정적 안녕을 위해. Cheers!

어떤 상황에서나 격한 감정이 휘몰아칠 때는
그 감정에 휩싸여 더 크게 우울해하기보다는 내 마음 안에 일어나는
생각과 감정을 알아차려야 한다.

준비는 완벽한데
왜 매번 실패할까?

이 일을 처음 시작할 때만 해도 '완벽하게 해야 한다'는 강박이 있었다. 의상도 반드시 각 잡힌 의상만을 추구했다. 피티를 끝낸 뒤에 심사위원이 "아나운서세요?"라고 물어보면 그것이 마치 긍정의 피드백(결과가 'No!'임을 안 뒤 긍정이 아니란 걸 깨달았지만)이라고 생각했었다.

요즘에는 내 스타일에 맞는 옷과 편한 신발을 신는다. 몸이 편하니 말도 편하게 흘러나옴을 경험한다. 실제로 내가 요즘 참여하는 프레젠테이션의 10곳 중 2~3곳은 주최 측에서 먼저 편하게 앉아서 전달하라고 말해준다.

처음엔 조금 생소했지만 오히려 질문의 교류도 많아져 더 디테일한 이야기가 오고 가는 것을 경험한다. 그래서 이제는 힘주어 말을 하기보다는 자연스러움에 더 신경 쓴다. 중간에 실수가 있다고 하더라고 유쾌하게 '허허' 넘길 수 있을 정도의 편한 분위기를 연출하려 노력하는 편이다.

물론 여기에서 말하는 '자연스럽고 편하다는 것'을 '흐트러짐과 막무가내식' 같은 의미로 받아들여서는 안될 것이다. 분위기는 편하게 하되 말의 바탕에는 '전달력'에 대한 '기본기'는 갖춰야 함을 강조하고 싶다.

부족함 없는 스펙에도 번번이 면접에서 낙방하고 있다면, 혹은 완벽하다고 자부한 프레젠테이션이 늘상 수포로 돌아가는 일이 다반사라면, 자신이 보내고 있는 비언어적 신호에 혹시 문제가 있는 건 아닌지 잘 살펴봐야 한다.

사람의 언어체계를 알지 못하는 동물도 사람이 하는 말에 따라 다르게 행동하는 것을 볼 수 있다. 주인이 강아지에게 "예쁘네." "잘했어." 등의 칭찬을 할 경우 개는 꼬리를 흔들며 사랑스러운 표정을 짓는다. 반대로 "이놈!" "누가 그랬어!" "혼나!" 등 부정적 어조의 말을 건네면 쥐죽은 듯 시무룩한 표정을 짓는다. 개가 사람의 언어를 이해했기보다 말을 하는 주인의 비언어적 표현에서 말의 분위기를 파악했기 때문일 것이다. 긍정적인 말을 할 때의 주인의 표정과 말투는 부드럽지만 부정적인 말을 할 때의 표정과 말투는 어둡고 딱딱하기 마련이다.

말 안에 담긴 감정은 인간에게만 고유한 것이 아닌, 인간이 말을 시작하기 훨씬 오래전 비영장류에서 진화해왔다. 1971년 UCLA 심리학과 알버트 메라비언^{Albert Mehrabian} 명예교수는 『무언의 메시지^{Silent Message}』라는 저서를 통해 '메라비언의 법칙^{The Law of Mehrabian}'을 발표한다. 내용을 전달할 때 시각(표정·태도·제스처)이 차지하는 비중이 55%, 청각(목소리)의 비중은 38%를 차지한다는 이론이다. 말의 내용도 중요하지만 태도와 표정, 목소리 등이 대화의 호불호에 적지 않은 영향을 미침을 의미한다.

무언가를 건네기로 했다면 그것을 담아내는 포장지까지 (메러비언의 법칙을 염두에 두며) 고민하는 정도의 센스는 있어야 하지 않겠는가? 그래야 두고두고 기억에 남는 'Present' 같은 'Presentation'이 될 수 있을 것이다.

사랑스럽지 않은 표정으로
사랑을 갈구할 때

사랑받고 싶다면 사랑하라.
그리고 사랑스럽게 행동하라.

벤자민 프랭클린

인상관리가 필요한 이유

잔뜩 찡그린 얼굴, 서슬 퍼런 눈빛, 사랑스럽지 않은 표정으로 사랑을 갈구했던 때가 있었다. 그리고 모든 사랑의 마침표를 찍은 뒤에야 비로소 알게 되었다. 사랑받고 싶다면 먼저 사랑스러움을 선물해야 한다는 것을….

출근하는 남편에게 아내가 말한다. "일찍 들어와."

아내의 얼굴이 밝다면 달콤한 모닝인사로 들리겠지만, 만약 반대의 표현이었다면 간담이 서늘해지는 말로 들릴 수도 있다.

이처럼 말의 진정성은 텍스트 자체에 있기보다는 전달자의 표정과 어감에서 좌우될 때가 많다. 즉 같은 텍스트라도 어떻게 전달하느냐에 따라 의미가 달라지는 것이다. 며칠간 공들여 준비한 멋진 프러포즈를 세상 다 끝난 것 같은 우울한 표정으로 고백해서는 안 되는 것처럼, 누군가에게 긍정적인 말이나 제안을 건넬 때에는 나름의 인상관리가 필요하다.

실제로 밤을 꼬박 지새우며 발표 준비를 해놓고선 정작 실전에서는 줄줄이 책 읽듯 끝내는 경우들이 많다. 내용이 좋았다고 해도 과연 기억에 남을만한 발표인지 의문을 가지게 된다.

그래서 나는 제안 발표proposal presentation를 할 때 약간의 연기를 가미한다. 초조함에 마음이 타들어 갈지라도 표정만큼은 자신감과 여유로움을 지어보이며 이렇게 시작한다.

"오늘 제안 발표의 기회를 주신 것에 깊은 감사의 마음을 전하며 기쁘고 설레는 마음으로 발표를 시작하도록 하겠습니다."

떨려 죽겠지만 설레 죽겠다는 표정을 지어본다. 그럼 정말 신기하게도 설레는 기분이 든다.

사회심리학자 어빙 고프만Erving Goffman은 어떠한 목표를 달성하고 성취하기 위해서는 자신의 이미지를 디자인하는 행동을 '인상관리impression management'라고 정의한다. 인상관리는 비언어적 행동(표정·몸짓·제스처·목소리 등)의 영향을 주게 되는데, 교류의 목적이 달성되도록 남들에게 긍정적인 자기상을 보이려 노력하는 것이다.

예를 들면 면접에서 합격하기 위해 자신이 쌓아온 스펙과 이력 등을 어필하는 자기노출self-disclosure이나 외모나 행동을 특정 방향으로 변화시키는 외모관리appearance management 등이 그렇다. 만들고자 하는 인상의 유형을 결정하고 그 인상을 위해 비언어적 행동을 결정하게 된다.

사람들은 타인을 만나면서 상대방과의 관계를 지속해나가도 되는지 본능적으로 파악한다. 이때 표정·행동·목소리 등의 인상은 상대방과의 교류시 상당한 영향을 준다. 어떠한 인상을 갖고 있느냐가 관계를 맺는 데 중요한 요소로 작용하는 것이다. 마찬가지로 프레젠테이션에서도 표정이나 음성관리를 어떻게 하느냐에 따라 결과의 성패가 좌우되기도 한다.

특히 우리의 뇌는 유난히 얼굴인식에 많은 투자를 한다. 얼굴은 다른 신체부위보다 감각 수용체가 많고, 미세한 근육의 종류가 많기 때문이다.

그러나 예전의 나는 늘 누군가와의 첫 만남에서 나를 이렇게 소개하곤 했다. "원래 성격이 내성적이어서요." "원래 낯을 가려요." "원래 첫인상이 차갑다는 말을 들어요."

"나는 원래 이래. 그러니 네가 이해하렴." 식의 못난 나의 행동을 합리화하려는 오만한 말임을 한참이 지나서야 깨달았다. '원래 나는 무표정하다'라고 자신의 표정에 한계를 긋지 말자. 신나는 일이 있으면 가끔 웃지도 않는가? 인상관리에도 연습과 노력이 반드시 필요하다.

하버드 경영대학원에서 사회심리학을 연구하는 에이미 커디Amy Cuddy 교수는 강연을 통해 자세를 바꾸는 것만으로도 마음이 바뀐다고 말한다. 하나의 실험을 통해 한 그룹에게는 2분간 '힘센 사람'처럼 있어 달라고 부탁했고, 다른 그룹에게는 2분간 '힘없는 사람'처럼 있어 달라고 부탁했다.

정확히 2분이 지난 후 그들의 신체 내 호르몬을 분석한 결과 '힘센 사람'처럼 있었던 사람들의 신체에서 대표적인 남성호르몬 '테스토스테론'이 약 20% 증가했고, 스트레스 호르몬인 '코티졸'이 약 25% 감소했다. 반면 '힘없는 사람'처럼 있었던 사람들에게서는 테스토스테론이 약 10% 감소한 대신 코티졸이 약 15% 증가하는 결과를 보였다.

자신이 의도하고자 하는 인상을 전달할 수 있다고 확신하는 것은 자기효능감self-efficacy과도 밀접한 관련을 맺는다. 자신의 힘에 대해 가진 신념을 결정함으로써 도전에 유능하게 대응하는 힘과 취하는 선택 등에 영향을 미치기 때문이다. 또한 자기효능감이 높을수록 불안한 환경에서 오는 공포에 잘 대처할 수 있는 것으로 알려져 있다(Greenberg, 1992).

눈을 보면 마음이 약해지는 이유

나는 수준급 솜씨를 뽐내지는 못하지만 밑반찬 정도는 어려움 없이 해내는 주부가 되었다. 그런데 준비과정 때문에 유독 망설여지는 요리가 있다. 바로 생선손질이다.

생선의 눈을 보는 순간, 마음이 이상해진다. 특히 오징어를 손질할 때 눈알(?)만 쏙 빼내는 고도의 스킬이 필요한데, 이 과정을 마치고 나면 왠지 모를 죄스러움이 든다. 있던 식욕도 다 떨어질 지경이다.

눈을 보면 왠지 마음이 유독 약해진다.

옛 속담에 "몸이 천 냥이면 눈이 구백냥이다"라는 말이 있다. 관상학에서는 눈을 '혼백의 집'이라 하며, 자기 감정 표현의 아주 중요한수단으로 여겼다. 사랑하는 연인이나 가족은 눈만 봐도 그 사람의 마음을 읽을 수 있다. 똑같은 말을 해도 어떤 이의 말은 로봇처럼 딱딱하고 어색하게 느껴지는 반면, 어떤 이의 말은 "그래 맞다, 네 말이맞아." 하며 고개가 절로 끄덕여지는 이가 있다.

말을 호감 있게 잘하는 사람들을 유심히 관찰해보니 눈맞춤과 고개 움직임을 굉장히 잘 활용하는 특징을 발견했다. 말할 때 중요한강조 포인트에서 고개를 위 아래로 부드럽게 끄덕임과 동시에 '눈 맞춤'을 하는 것이다.

- "지금부터 프레젠테이션을 시작하도록 하겠습니다."
- "오늘 제가 준비한 주제는 바로 비밀에 관한 것입니다."
- "오늘 이야기에서 꼭 이것만큼은 기억하셨으면 좋겠습니다."

아이컨택은 서로를 마주 보는 과정에서 흥분과 호기심을 만들고,주고받는 메시지가 중요한 정보임을 인식하게 만든다. 나아가 눈을마주보는 것은 스스로의 행동을 인식하게 만들기 때문에 기억을 강화하는 데도 영향을 주는 것으로 알려져 있다.

내 친구들 웃음소리는 다 똑같다

나는 웃음소리가 꽤 요란한(?) 편이다. 목젖이 보일 정도로 입을 크게 벌리고 웃는 것은 기본이요, 너무 웃길 때는 목을 뒤로 꺾고 박수까지 치며 웃는다. 나만 그런 줄 알았더니 내 주변의 친한 사람들은 다 이렇게 웃는다. 끼리끼리 만난건지, 아니면 만나서 끼리끼리(?) 해진 건지 모르겠지만, 나와 비슷한 행동패턴을 가진 이들과 함께하는 시간은 매우 유쾌하다.

심리학자 로버트 자이언스Robert Zajonc는 상대방의 표정을 따라하는 행동만으로도 그 사람의 감정에 공감할 수 있다고 말한다. 자신과 동일한 표정·몸짓·느낌을 공유한다는 느낌을 받으면 정서 교류가 활발해지기 때문이다.

사회적 본능을 가진 인간은 다른 사람의 행동을 무의식적으로 모방하게 되고, 행동 모방은 대화상대와의 친밀감을 높이는 효과를 주게 된다. 실제로 인간은 태어날 때부터 상대방의 표정을 흉내 내는 거울뉴런mirror neuron이라는 신경세포를 가지고 태어난다. 특정한 행동을 하거나 같은 행동을 하는 타인을 볼 때 활성화되는 특징이다. 예를 들면 남이 웃을 때 영문도 모르고 함께 따라 웃는 현상 등이 그렇다(왜 웃는지 물어보면 자기도 이유를 모른단다).

인간의 감정은 아주 쉽고 간단하게 전염된다. 실제로 웃는 얼굴과 비슷한 표정을 짓기만 해도 유쾌한 기분이 된다는 실험 데이터가 있다. "행복해서 웃는게 아니라 웃으니깐 행복하다"라는 격언처럼 웃는 얼굴의 표정을 출력하면 그 행동에 맞는 심리상태를 만들기 위해 뇌가 노력하게 된다. 그러니 긴장이 되면 일단 웃고 보는 게 좋다. 내가 웃어야 상대방도 웃기 때문이다.

누군가를 미소로 바라보면 그것을 받아들이는 상대방 역시 우호적으로 답해야 한다는 의무감에 미소를 보일 수밖에 없다. 어떠한 상황에서 의도하고자 하는 분위기를 먼저 행동으로 연출한 뒤 상대방이 그 행동을 따라하도록 만드는 것을 '카멜레온 효과'라고 한다. 이것은 대화 상대의 몸짓과 말투를 모방함으로써 유대감을 형성하게 만드는 행동을 말한다.

웃음은 착오귀속현상도 함께 동반한다. 자기가 취한 태도가 감정과 모순될 때 기왕에 실행해버린 행동을 부정하기에 늦었다는 생각이 들면 자기 마음을 바꿈으로써 합리화하려 한다. 그래서 웃음이 있었던 발표는 대체로 긍정적으로 평가되는 효과가 있다.

.... Voice ....

페르소나에 따라
목소리도 바뀐다

사람은 그가 입은 제복대로의
인간이 된다.

배우가 1인 2역을 할 수 있는 이유

살면서 깨닫게 된 내 성격의 특징 중 하나는 사람에 따라, 상황에 따라 성격은 물론이고 목소리까지 달라진다는 점이다. 일할 때는 중저음의 어조로 차분한 목소리를 내기 위해 노력하지만, 친구를 만나면 금세 찌를 듯한 왁자지껄한 원래의 목소리가 발현된다. 또한 사랑하는 사람에게는 혀가 몹시도 짧아진 나름의 귀여운 목소리로 변신한다.

비단 이것은 나만이 가지고 있는 신기술이 절대 아니다. 주변을 둘러보면 여자친구들끼리는 걸걸한 목소리로 대화하던 그녀가 나이스

한 남자가 오면 갑자기 혀가 짧아지는 목소리 신공을 보이며 대화하는 모습을 볼 수 있지 않은가?

영화 〈광해, 왕이 된 남자〉에 출연한 배우 이병헌은 광대 하선의 역할과 광해군의 역할을 1인 2역으로 연기한다. 그는 만담꾼 천민 하선의 역할을 연기할 때는 높고 가벼운 목소리로, 광해군을 연기할 때는 근엄하고 무게감 있는 목소리로 연기한다. 맡은 배역의 인물에 맞게 목소리를 만들어내는 것이다. 이렇게 하나의 인물이 각기 다른 목소리를 낼 수 있는 힘은 바로 '페르소나persona'에 기인한 것이다.

페르소나는 연극무대에서 주로 사용하는 용어로 '가면을 쓴 인격'이란 뜻을 담고 있다. 심리학에서는 '타인에게 비치는 외적 성격'을 의미하기도 한다.

심리학자 칼 융Carl Gustav Jung은 인간은 1천 개의 페르소나(가면)를 지니고 있으며 상황에 따라 적절한 페르소나를 쓰고 관계를 이루어 나간다고 주장한다. 어떠한 '페르소나'를 갖고 행동하느냐에 따라 모습과 행동은 물론 목소리 또한 달라지는 이유다.

미국 노스웨스턴 대학의 애덤 갤런스키Adam D.Galinsky 박사와 하조 애덤Hajo Adam 박사는 실험대조군에게는 평상복 차림을 입게 하고, 실험군에게는 의사와 같은 흰색 가운을 입게 한 상태에서 동일한 업무를 보게 하는 실험을 했다. 그 결과 가운을 입고 있는 학생들에게서 주의력과 집중력이 강해지는 현상을 발견하게 된다. 이는 체화된 인지의 결과로 뇌로만 생각하는 것이 아니라 몸으로도 함께 생각하기 때문이다.

직업에 따라 제복을 입는 이유도 어떤 옷을 입는가에 따라 심리와 행동에 다른 영향을 미치기 때문이다. 예컨대 정장을 입으면 예의 바르게 행동하게 되며 캐주얼한 옷을 입으면 행동도 자유롭게 나오는 것처럼 어떤 옷을 입느냐에 따라 행동 또한 달라지는 모습을 볼 수 있다.

목소리가 바뀌는 성대모사의 비밀

개그맨 정성호는 성대모사의 달인으로 유명하다. 배우 한석규, 개그맨 서경석, 가수 임재범 등 다양한 사람의 목소리를 놀랄 만큼 그대로 재연해낸다. 어떻게 한 사람이 이렇게 각기 다른 사람의 목소리로 재연하는 게 가능할까?

성대모사를 할 때 그의 표정을 유심히 살펴보면 답을 알 수 있다. 목소리만큼이나 얼굴표정을 아주 비슷하게 흉내 낸다. 임재범 성대모사를 할 때에는 고개를 옆으로 삐딱하게 기운 상태에서 찡그리는 듯한 표정을 지으며 입을 크게 벌려 노래한다. 개그맨 서경석을 흉내 낼 때에는 어깨를 위로 올려 목을 짧게 한 상태에서 눈을 가늘게 뜨고 성대모사를 한다.

이렇게 닮고자 하는 사람의 세부적인 행동 특징을 잘 파악해 따라

하면 발성 구조 또한 유사한 형태가 되기 때문에 음색을 비슷하게 만들 수 있다. 목소리 발성은 얼굴 높낮이, 턱의 각도 등에 따라 소리의 톤이나 깊이가 달라지는 특징이 있다. 실제로 닮고 싶은 사람의 표정·말투·억양·톤·분위기 등을 관찰해서 따라하는 행동을 반복하다 보면 어느새 목소리가 이와 비슷하게 닮아가는 것을 볼 수 있다.

닮고 싶은 모델을 따라하고 모방하는 학습법을 모델링modeling 또는 관찰 학습observational learning이라 일컫는다. 주의집중Attention, 기억 재생Retention, 산출Production, 동기유발Motivation의 4단계에 걸쳐 진행되며 모델과 자신의 자아를 동일시하는 것으로부터 시작된다.

▲ 모델링 또는 관찰학습의 4단계

① Attention(주의집중)	② Retention(기억재생)
닮고 싶은 모델을 목표로 모방할 행동의 주요 특징들을 관찰한다. 모델이 관찰자와 유사성이 높은 경우(개인적 특성, 성별, 연령, 신념, 태도, 자신과의 유사성)에 효과적이다.	관찰을 통해서 얻어진 모델 행동의 정보를(이미지·목소리·기타 특징) 토대로 기억하고 보유해야 한다.
③ Production(산출)	④ Motivation(동기유발)
기억된 정보(이미지·목소리, 기타 특징)를 구체적 행동으로 전환시켜 실천한다. 모델의 행동을 실제로 시도해보거나 상상 속에서 재현한다.	자극·자기 보상, 칭찬 등으로 동기를 유발한다. 재생된 행동의 결과가 긍정적 피드백으로 보상받을 경우 그 행동이 재연될 가능성이 높아진다.

사람의 목소리는 악기와 같아서 발성영역을 어떻게 사용하느냐에 따라 다른 색깔, 다른 느낌의 목소리를 낼 수 있다. 소리변화의 결정적 역할을 하는 얼굴의 공명강resonance cavity 때문이다. 공명강은 입술강lip cavity, 인두강pharyngeal cavity, 구강oral cavity, 비강nasal cavity 등의 영향을 받아 소리를 증폭시키는 음성로vocal tract로 음색 변화에 큰 영향을 준다.

얼굴 위치에 따라 목소리의 톤이 달라지기도 한다. 코를 기준점으로 위쪽 방향을 향해 (턱을 약간 들어) "음~"하고 발성을 해보면 고음의 소리를 내기 쉽고, 아래 방향으로 (턱을 약간 밑으로 향하게) "음~"하고 소리를 내면 저음의 소리를 내기 쉽다. 또한 얼굴 측면을 중심으로 공기와 접촉하는 얼굴 전면부의 발성은 가벼운 소리가 만들어지고, 인두강 부근의 얼굴 후면부의 발성은 무게감 있는 소리가 만들어진다.

▲ **공명발성 허밍음인 'Um'을 발성해보기**

1. Um---------- 소리를 내며 허밍을 짧게 해본다.
2. Um---------- 소리를 내며 허밍을 10초간 발성해본다.
3. Um---------- 소리를 내며 허밍을 단어와 연결시켜 소리를 내본다.
   : 아이, 마음, 나는
4. Um---------- 소리를 내며 허밍을 문장과 연결시켜 소리를 내본다.
   : 안녕하세요. 반갑습니다. 고맙습니다.

▲ 각 영역에 맞는 공명발성(음고/음세)으로 허밍해보기

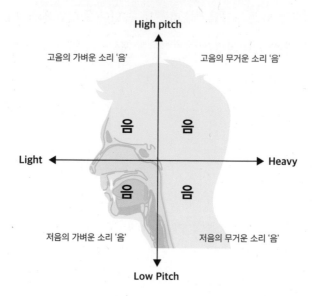

High pitch

고음의 가벼운 소리 '음'   고음의 무거운 소리 '음'

음   음

Light ◄————————————► Heavy

음   음

저음의 가벼운 소리 '음'   저음의 무거운 소리 '음'

Low Pitch

▲ 각 영역에 맞는 공명발성(음고/음세)으로 문장을 읽어보기

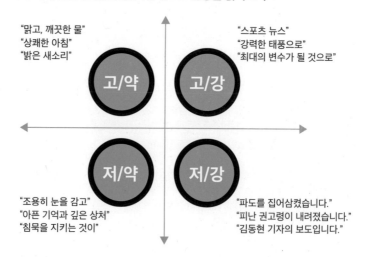

"맑고, 깨끗한 물"
"상쾌한 아침"
"밝은 새소리"

"스포츠 뉴스"
"강력한 태풍으로"
"최대의 변수가 될 것으로"

고/약   고/강

저/약   저/강

"조용히 눈을 감고"
"아픈 기억과 깊은 상처"
"침묵을 지키는 것이"

"파도를 집어삼켰습니다."
"피난 권고령이 내려졌습니다."
"김동현 기자의 보도입니다."

감정과 목소리

아래의 분홍색 동그라미를 5초간 보자.

이제 눈을 감고 분홍색 동그라미를 떠올려본다. 눈을 감았는데도 분홍색 동그라미가 보이는가?

만약 그렇다면 우리 뇌가 기억을 통해 분홍색 동그라미를 보았기 때문이다. 『결국은 어휘력(이해황, 좋은책신사고, 2016)』이라는 책을 참고해 실험을 해보면 눈을 뜨고 본 것은 상image이고, 눈을 감고 본 것은 심상mental imagery이다. '눈을 감고 분홍색 동그라미를 떠올려본다'는 문장의 의미를 해석함과 동시에 기억의 담당 부위가 활성화되어 '분홍색 동그라미'를 머릿속에 떠올린 것이다. 눈을 통해서도 볼 수 있지만 기억을 통해서도 뇌가 볼 수 있다는 말이다.

심상의 정의는 '언어의 의해 재현된 감각적 체험의 표상'이다. 쉽게 말해 언어와 관련된 이미지가 기억이나 마음속에 떠오르는 것이다. 이때 말의 심상을 소리로 표현해주면 '언어 자극 〈 청각 자극 〈 상상 자극' 등 여러 가지 자극이 맞물려 뇌에 펀치를 하며 기억을 더욱 생생하고 견고하게 만든다.

- 찰싹찰싹 파도치는 소리를 들으면 바닷가가 떠오른다.
- 바스락바스락 낙엽소리를 들으면 가을 풍경이 떠오른다.

▲ 각 영역에 맞는 공명발성(음고/음세)으로 단어를 읽어보기

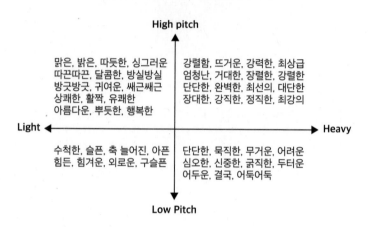

동일한 단어일지라도 감정과 함께한 단어는 표현을 풍부하게 만들고 다양한 의미를 생산해낸다. 같은 조건을 갖추고 있을 경우, 뇌는 감정이 담긴 단어를 더 우선하기 때문이다.

- 시각적 심상: 빨간 장미, 노오란 개나리, 날렵한 몸짓, 황홀한 석양, 파란 하늘, 어두운 그림자, 터벅터벅 무거운 발걸음.
- 청각적 심상: 드르렁 드르렁 코 고는 소리, 새근새근 자는 아이 소리, 또각또각 구둣소리, 꺄르르르 웃음소리.

- 촉각적 심상: 부드러운 살결, 까실까실한 이불, 오돌토돌한 피부, 딱딱한 베개, 촉촉한 입술, 거친 손놀림, 매끈한 다리, 촘촘한 바느질, 단단한 질감.
- 미각·후각적 심상: 매콤한 낙지볶음, 새콤한 물회, 짭조름한 미역, 구수한 누룽지, 달콤한 체리, 새콤한 오렌지, 쓰디쓴 약초, 싱그러운 라임향, 향긋한 아카시아 향.
- 감정·느낌: 설레는 마음, 기쁨의 박수, 무거운 발걸음, 초조한 몸짓, 불안한 안색, 흥분된 목소리, 슬픈 눈빛, 외로운 얼굴.

부드럽고 쫄깃한 냉우동 드셔보셨나요? 상큼달콤한 유자 소스를 곁들여 먹을 때 입안 가득 퍼지는 시원한 맛이 일품인데요, 특히 간장이 베어든 탱글탱글한 계란노른자를 함께 곁들여 먹는 짭조름한 그 맛이 으뜸입니다.

- 다음 단어의 이미지를 소리로 표현해본다.

부드럽고, 쫄깃한, 상큼달콤한, 입안 가득 퍼지는, 시원한 맛, 탱글탱글한, 짭조름한

소백산 남쪽 기슭, 달콤한 사과 내음이 가득합니다. 한여름 따사로운 햇빛을 받고 탐스럽게 영근 빨간 사과. 단단하게 속이 꽉 찬 모습에서 제철이 되었다는 사실을 알려주는데요, 잘 익은 사과를 하나하나 정성껏 따는 사람들의 얼굴에 발그스름한 사과 꽃이 핍니다. 가을이 제철인 부사는 사과향이 진하고 새콤달콤한 맛이 일품입니다.

- 다음 단어의 이미지를 소리로 표현해본다.

달콤한, 가득, 따사로운, 탐스럽게, 빨간사과, 단단하게, 속이 꽉 찬, 정성껏, 발그스름한, 진하고, 새콤달콤, 일품

.... **Pronounce** ....

부정확한 말소리를 교정하는 7가지 습관

개선이란 무언가가 좋지 않다고
느낄 수 있는 사람들에 의해서만
만들어질 수 있다.

말소리에도 리허설이 필요하다

말소리는 '혀의 움직임'과 '입술 모양'에 따라 발음이나 발성의 정확도가 좌우된다. 그래서 평소 조음습관이 중요하다.

"내용을 잘 모르나봐?"

"연습도 제대로 안 한 거야?"

"저 말 믿어도 되는 거야?"

밤을 꼬박 새며 열심히 발표를 준비했지만 웅얼거리는 말소리 때문에 이런 식의 오해를 받는다면 뭔가 되게 너무 억울한 마음이 들 것이다. 하지만 어쩔 수 없다. 언어표현 습관은 그 사람의 태도이기 때문이다.

'인간 vs. 인간의 커뮤니케이션', 무언가를 말로 전달하고 말로 전달받는 상황에서 유일한 수단이 말소리가 부정확하다는 평을 받게 되면 다음 단계로 나아가지 못하고 답보 상태에 머무를 수밖에 없다. 연습을 한답시고 눈으로만 자료를 쓱 보고 만다거나, 지나치게 자료 수정에만 매달려 정작 말해보는 시간을 놓치고 있지는 않은지 생각해볼 일이다.

연극·방송·공연 등에서 본 무대를 앞두고 실제처럼 하는 예행연습을 리허설rehearsal이라고 한다. 말의 기억 과정에도 리허설이 반드시 필요하다. 리허설은 기억에 들어온 정보를 말소리로 반복해 시연하는 과정, 즉 소리 내어 말해보는speech aloud 것이다. 이 같은 훈련은 눈으로 보는 시각, 말소리를 발성하는 운동, 자신의 소리를 듣는 청각까지 여러 행위가 동시에 이루어지면서 두뇌에 다양한 자극을 주게 된다.

나 역시 중요한 프레젠테이션이나 강연 등 대외적인 말을 할 기회가 있을 때 연습의 대부분을 차지하는 부분이 바로 '소리 내어 말하기'다. 머릿속으로 관련 내용을 백번 이해했어도 입 밖으로 소리 내 말하지 않으면 혀가 꼬이거나 잘못 발음되는 경우가 많아 실수로 이어지기 때문이다.

인간은 어떤 소리를 반복해 들을 경우, 복잡한 패턴도 빠르고 효율적으로 처리하는 특징을 보인다. 이는 청각적 가소성pasticity이 뇌에 자극을 줘서 유창성이 향상되기 때문이다. 정확한 기억으로 회상될 때까지 반복 또 반복해봐야 한다.

무엇이든 소리 내어 읽어보자

우리가 일상에서 사용하는 말의 대부분은 편한 상태에서 늘 사용했던 단어만 말하기 때문에 조음의 움직임 정도가 그리 크지 않다. 하지만 이는 말소리를 부정확하게 만드는 원인이 된다. 조음 운동의 가장 좋은 방법은 무엇이든 소리 내어 읽는 습관이다. 낭독하는 과정에서 조음을 활발히 할 수 있기 때문이다.

특히 신문을 소리 내어 읽어보는 것이 좋은데, 신문에 쓰인 텍스

예문 1

늙은 캥거루 현상의 주된 원인은 자녀 세대가 겪는 경제적 어려움으로부터 기인한다. 자녀가 취업난 등으로 자립하는 시기가 늦어지면서 부모에게 의지하는 기간도 늘어난 것이다. 통계청에 따르면 60세 이상 고령자가 자녀와 함께 사는 경우는 30.6%로 조사되었다. 이들이 자녀와 함께 사는 이유로는 "자녀의 독립생활이 불가능하기 때문"이라는 답변이 가장 많았다. 경제적으로나 정신적으로 부모에게 의존하는 젊은 세대 '캥거루족', 그리고 그들이 품고 사는 노인 '늙은 캥거루족'이 대표적인 베이비부머와 에코부머 사이의 현상이라 할 수 있다.

트는 평소 말해보지 않던 단어들이 많기 때문에 발음은 물론 발성까지 좋아진다. 또한 읽는 과정에서 글의 흐름에 따라 호흡 운용이 자연스럽게 이뤄지기 때문에 말의 체력에도 상당한 도움을 주게 된다. 신문 읽기의 또 다른 장점은 자신의 언어로 말할 수 있는 힘을 길러준다는 것이다.

 텍스트를 있는 그대로 전달하는 것과 텍스트에 나의 생각과 언어를 적용해 말을 하는 것에는 큰 차이가 존재한다. 묵독^{Silent reading}을 통해 중심내용을 찾아 이를 누군가에게 전달하듯 소리 내어^{read aloud} 본다. 이때 문어를 구어로 변경해 자신의 입말에 맞게 수정하며 읽어봐야 한다. 자연스럽지 못한 문맥이나 연결어구를 고쳐보는 과정에서 언어를 스스로 연마하고 발화능력을 키울 수 있다.

1. 묵독^{silent reading}으로 읽어보며 중심내용을 파악한다.

2. 소리 내어^{Read aloud} 읽어보며 '매끄럽지 않은 문장' '발음하기 어려운 단어' '숫자' 등을 천천히, 그리고 정확하게 발음해본다.

3. 텍스트의 종결어미 '다.'를 구어('습니다' '데요' '고')로 바꾸어 타인에게 설명하듯 읽어본다.

4. 3번 이상 소리 내어 완독한 후 오독 개수가 몇 개나 줄었는지 확인해본다.

소리를 길게 늘여 발음해보자

부정확한 말소리의 원인 중 하나는 빠른 호흡이다. 호흡이 충분해야 발음을 정확히 할 수 있다.

이를 위해선 평소 말을 할 때 말과 말 사이에 쉼^{pause}을 두며 여유 있게 말하는 습관이 중요하다. 또 다른 방법으로는 글을 읽으면서 강조할 단어나 발음하기 어려운 단어의 첫 모음에 장음을 두어 발음해

예문 1

세계경제 포럼은 2027년까지 인공지능에 의한 티핑포인트가 매년 나타날 것이라고 전망했습니다. 3D프린터에 의한 대량생산은 물론 빅데이터에 의한 의사결정이 일반화되며, 수년 내에 인공지능이 화이트칼라 노동을 대체할 것으로 보고 있습니다.

2015년 10월부터 지난 9월까지 국민신문고에 접수된 반려견 관련 민원이 1,300건에 달하는 것으로 나타났습니다. 국민신문고에 접수된 민원 중에는 반려견의 목줄을 채우지 않은 것에 대한 불만 민원이 가장 많은 것으로 나타났는데요. 2016년 256건, 2017년에는 583건이 발생하는 등 매년 증가추세를 보이고 있는 것으로 파악되었습니다.

보는 것이다.

모음을 길게 늘이게 되면 입 모양이 분명해진다. 또한 입 안의 공간이 넓어져 정확한 발음을 할 수 있게 된다.

1. 묵독silent reading으로 읽어보며 중심내용을 파악해본다.

2. 소리 내어Read aloud 읽어보며 '매끄럽지 않은 문장' '발음하기 어려운 단어' '숫자' 등을 천천히, 그리고 정확하게 발음해본다.

3. 중요단어의 경우 해당 단어의 첫 모음에 장음을 두어 천천히, 그리고 정확하게 발음해본다.

4. 3번 이상 소리 내어 완독한 후 오독 개수가 몇 개나 줄었는지 확인해본다.

이중모음은 나누어 발음해보자

이중 모음은 2개의 모음이 결합되어 만들어진 모음이다. 하지만 이중모음을 단모음처럼 발음하는 경우가 많다. 예를 들면 '관리를 강화하도록 하겠습니다'라는 문장을 '갈리를 강하하도록 하겠습니다'라고 발음하는 경우 등이 그렇다.

이중모음의 관건은 짧은 시간 내 입 모양을 2번 움직여 정확히 발음하는 것이다. 발음이 어려울 경우 단모음으로 각각 이분해 발음해본다. 처음에는 천천히, 그 이후에는 점차 그 속도를 높여 발음해본다. 반복된 연습을 통해 입 근육을 유연하게 만들어 정확한 발음으로 구사할 수 있어야 한다.

- 대폭확충, 국회통과과정, 국회논의과정, 장관 인사청문회, 소형화물차규제, 합법화, 전문화유도, 최소보유대수, 대형화, 참고원가제, 영세화물차주, 감찰관, 감찰과정, 관계자, 의혹, 확고하게, 사표수리, 점화, 사정기관, 담당관, 특별감찰관보, 위원장, 강건종합군관학교, 예산결산특별위원회, 무관한, 헌법규정, 의원총회, 청문회, 헌법위반, 최종합의, 당리당략, 연방준비제도이사회, 연방공개시장위원회, 고용지표.
- 문화체육관광예산이 역대 최대규모인 1조 원을 돌파했습니다.
- 기획재정부장관은 국무회의를 통해 재정건전성을 훼손하지 않는 범위 내 경제사회구조의 변화의 개혁이 필요하다고 말했습니다.
- 한류 진흥 및 관광활성화 추진위원회는 문화소외지역에 문화공간신설 및 누리과정예산을 활용해 지역문화를 활성화시켜야 한다고 말했습니다.

1. 묵독^{silent reading}으로 읽어보며 중심내용을 파악해본다.

2. 소리 내어^{Read aloud} 읽어보며 '매끄럽지 않은 문장' '발음하기 어려운 단어' '숫자' 등을 천천히 그리고 정확하게 발음해본다.

3. 발음이 어려울 경우 이중모음을 단모음으로 이분해 천천히 발음한 다음, 점차 그 속도를 높여 빠르게 발음해본다.

4. 3번 이상 소리 내어 완독한 후 오독 개수가 몇 개나 줄었는지 확인해본다.

답답한 콧소리는 조음위치로 교정한다

공명음은 성대에서 올라온 공기가 입안이나 코안에서 흘러나갈 때 코안을 울려내는 소리로, 비음인 'ㄴ(니은), ㅁ(미음), ㅇ(이응)'이 있다. 조음기관의 통로를 막지 않고 공명을 시켜 내는 소리이기 때문에 부드럽게 들린다. 그래서 울림소리로 불리기도 한다. 하지만 이같은 자음은 조음습관이 좋지 않을 경우에 답답한 콧소리로 느껴지기도 한다.

비염이나 부비동염 같은 질환이 아닌데도 웅얼거리는 듯한 콧소리가 난다면 자신의 조음습관을 점검해봐야 한다. 비강에서 나는 자음[ㄴ(니은), ㅁ(미음), ㅇ(이응)]의 조음점이 서로 명확히 구분되지 않을 경우, 웅얼거리는 것처럼 발성될 수 있다.

1. 다음의 문장을 소리 내어 읽어본다.

> [옳은 발음]
> 선생님, 전국, 한국, 전문상담원, 생일선물, 건강관리, 건강보험료

2. 이때 ㄴ(니은)발음이 ㅁ(미음) 또는 ㅇ(이응)으로 바뀌어 발음되지는 않는지 확인해본다.

> [잘못된 발음]
> 성생님, 정국, 항국, 점문상담원, 생일섬물, 겅강관리, 겅강보험료

3. 울림소리 ㄴ(니은), ㅁ(미음), ㅇ(이응) 조음점은 다음과 같다.

   ㄴ(니은): 치조(윗잇몸과 윗니 경계)에 혀끝을 붙였다 떼면서 비강으로 소리가 빠져나와 발음된다.

   ㅁ(미음): 위 아래 입술이 부딪히면서 비강으로 소리가 빠져나와 발음된다.

   ㅇ(이응): 초성일 때는 음가가 없지만 종성일 때는 혀뿌리를 높여 연구개를 막고 비강으로 소리가 빠져나와 발음된다.

4. 조음점에 유의해 다시 정확한 발음으로 읽어본다.

상담담당선생님   연구진
국민건강보험   청담동 건물
선물   삼성생명 소속 상담원
전문가가 소속된 전문기관   본부장님
공감각적심상   관광객

- 한 글자씩 천천히 정확하게 발음한다.
- 발음이 어려운 단어는 작은 의미단위로 끊어 읽어본다.
- 반복해 틀리는 부분에 강세를 두거나 장음(모음을 길게)을 두면서 읽어본다.
- 차근차근 훈련이 되면 조금씩 일상대화에서 사용되는 수준까지 말하는 속도를 끌어올린다.
- 부정확한 발음과 정확한 발음의 차이를 자신의 뇌와 조음기관에서 느끼고, 틀린 발음과 맞는 발음을 서로 교차해서 읽으면서 차이점을 머리로 기억해야 한다.

▲ 조음 방법에 따른 자음의 분류

구강	예사소리	ㅂ	ㄷ	ㅅ	ㅈ	ㄱ
	된소리	ㅃ	ㄸ	ㅆ	ㅉ	ㄲ
	거센소리	ㅍ	ㅌ		ㅊ	ㅋ
비강	울림소리	ㅁ	ㄴ			ㅇ
	유음		ㄹ			
	성문음	ㅎ (목구멍소리)				
	조음 위치	위 아래 입술이 부딪히면서 나는 소리	혀가 치조에 부딪히면서 나는 소리	혀가 치조에 거의 닿을 듯이 마찰하면서 나는 소리	혀가 경구개의 중간쯤에 부딪히면서 나는 소리	혀가 연구개에 부딪히면서 나는 소리

새는 듯한 ㅅ[시옷] 발음이 고민이라면?

ㅅ(시옷) 발음의 오독 원인은 다음과 같을 수 있다. ㅅ(시옷)은 혀 끝이 치조에 마찰하면서 만들어지는 소리다. 그러나 혀끝이 치조에 닿거나 또는 닿는 접촉면이 많아지는 경우, 또는 혀가 이와 이 사이로 나와 발음되는 경우 [th]와 같이 새는 듯한 발음이 만들어지게 된다.

ㄷ(디귿)과 ㅅ(시옷)은 거의 근접한 조음점 위치를 두고 있지만 ㄷ(디귿)은 혀끝이 치조에 닿아 막히면서 나는 소리이고, ㅅ(시옷)은 마찰하면서 만들어지는 소리이다. 따라서 혀의 미세한 움직임에 따라 완전히 다른 소리가 만들어지는 것이다.

또한 ㅅ(시옷)은 단독으로는 소리를 낼 수 없고, 모음과 결합해야 소리가 만들어진다. 그러므로 모음을 만드는 입모양을 정확히 해 ㅅ(시옷)발음을 분명하게 발음해줘야 한다.

1. ㅅ[시옷]은 혀끝과 치조의 마찰로 발음이 만들어진다.
2. '사' '서' '소' '수' '스' '시'를 반복해 소리 내보면서 정확한 조음점을 찾아본다. 이와 이사이로 공기를 최대한 얇게 모아 내보내는 것이 포인트다.
3. ㅅ[시옷] 발음이 어려울 경우 모음에 장음을 두어 발음해볼 수 있다. 예를 들면 '소속'이란 단어를 발음할 때 모음을 짧게 해 발음할 경우

마치 '토톡' 같은 혀 짧은 소리가 날 수 있으므로 모음에 장음을 두어 발음한다.

4. 정확하게 소리 나지 않을 경우 모음만 따로 떼어 천천히 발음해본 후 다시 ㅅ[시옷] 발음과 함께 발음해본다.

▲ 단어의 첫 모음에 장음을 두어 발음해보기

> 산성: 사안 ~ 성
> 소송: 소오 ~ 송
> 수선: 수우 ~ 선
> 솔선수범: 소올 ~ 선수범
> 새로운 세상: 새애 ~ 로운 세상
> 세심하고 세세하게: 세에 ~ 심하고 세에 ~ 세에 ~ 하게

▲ 단어의 모음만 따로 떼어 발음해보고 다시 ㅅ[시옷]과 함께 발음해보기

옥수수	ㅗㅜㅜ	옥수수	산수문제	ㅏㅜㅜㅔ	산수문제
수수부꾸미	ㅜㅜㅜㅣ	수수부꾸미	산새소리	ㅏㅐㅗㅣ	산새소리
수수께끼	ㅜㅜㅔㅣ	수수께끼	사서	ㅏㅓ	사서
수학문제	ㅜㅏㅜㅔ	수학문제	사수	ㅏㅜ	사수
수박화채	ㅜㅏㅘㅐ	수박화채	살치살	ㅏㅣㅏ	살치살
수녀님	ㅜㅕㅣ	수녀님	선생님	ㅓㅐㅣ	선생님
스스로	ㅡㅡㅗ	스스로	설선물	ㅓㅓㅜ	설선물
스시	ㅡㅣ	스시	신선한	ㅣㅓㅏ	신선한

- 수수방관하는 태도는 스스로를 타성에 젖게 만드는 실망스러운 행동이다.
- 시리도록 차가운 그녀의 말에 내 가슴은 송곳에 찔린 듯 시리기 시작했다.
- 신선한 바람이 오늘은 왠지 쓸쓸하게 느껴지는 쉽지 않은 하루였다.
- 신안섬 마을에 신체에 좋은 식이섬유가 많은 채소들이 많이 생산된다.
- 선도가 싱싱한 사시미와 스시를 먹는 사람은 오직 이곳에선 소수일 뿐이다.
- 소수의 견해로 소문에 휩싸인 그는 속상한 심정에 소화불량에 걸렸다.
- 솔바람이 솔솔솔 송이버섯이 우수수 떨어지는 선산에 앉아 선선한 바람을 만끽했다.
- 이번 수사기관에서는 세심하고 세세하게 신속히 수사할 것을 촉구한다.

불안하게 떨리는 염소 목소리가 고민이라면?

발표를 할 때 긴장이 되면 호흡이 빨라져 발성 역시 불안해진다. 목소리가 안정적이려면 말의 호흡을 늘려야 한다. 한 호흡으로 하나의 문장을 완독하는 연습을 해본다. 호흡량이 증가해 안정된 발성에 도움이 된다.

1. 숨을 편안하게 고른 후 준비가 되면, 한 호흡으로 각 단계별 문장을 소리 내어 읽어본다.
2. 읽는 도중 숨이 차거나 숨을 다시 들이마시고 싶어질 경우에는 해당지점에서 중단하고, 다시 처음부터 시작해 중단한 지점보다 조금 더 길게 읽어보기 위해 노력한다.

- 가처분소득은 국민소득 통계상의 용어로 개인소득 중 소비와 저축을 할 수 있는 소득을 말한다.
- 가처분소득은 국민소득 통계상의 용어로 개인소득 중 소비와 저축을 할 수 있는 소득을 말하고 이는 개인이 획득하는 소득과 실제로 자유롭게 소비할 수 있는 소득과는 차이가 있다.
- 가처분소득은 국민소득 통계상의 용어로 개인소득 중 소비와 저축을 할 수 있는 소득을 말하고 이는 개인이 획득하는 소득과 실제로 자유롭게 소비할 수 있는 소득과는 차이가 있고, 소득분배의 평등정도를 측정하는 자료로 쓰이기도 한다.

3. 복부의 힘을 이용하면 소리를 더욱 분명하고 풍부하게 발성할 수 있다. 숨을 고른 후 준비가 되면 복부를 안쪽으로 당겨 힘을 준 상태로 읽어본다. 문장이 끝나면 복부에 힘을 빼고 편안하게 호흡을 고른다.

- 감정은 우리 삶의 질을 결정한다.
- 감정은 우리가 중요하게 여기는 모든 관계에서 나타난다.
- 우리는 직장 사람들에게, 친구들에게, 가족에게, 연인이나 배우자에게 감정을 느낀다.
- 감정은 우리의 목숨을 구해주기도 하지만 극심한 상처를 입힐 수도 있다.
- 감정은 우리에게 현실적이면서도 적절하다고 판단되는 행동을 만들기도 하지만, 때로는 나중에 가서 심하게 후회할 행동을 만들기도 한다.

말 속도를 늦추면 발음이 분명해진다

평상시에는 괜찮다가도 갑자기 긴장만 되면 말의 속도가 속사포 랩처럼 빨라지는 사람들이 있다. 두렵고 긴장되는 상황을 빨리 끝내고 싶다는 무의식이 빠른 호흡을 내뱉게 하기 때문이다. 이럴 때는 의식적으로 천천히 읽는 연습을 하는 것이 좋다.

스톱워치를 켜고 아래 박스 안의 문장을 읽어보며 자신의 말 속도를 체크해본다. 그리고 두 번째 읽을 때는 방금 전에 읽었던 속도를 기준으로 5초 더 느리게 읽어본다. '5초 더 느리게 읽어야겠다'라고 생각한 순간 자연스럽게 온점, 쉼표, 띄어읽기 등이 눈에 보이기 시작한다. 이러한 연습은 호흡운용을 가능하게 해 평소 말을 여유 있게 하는 데도 큰 도움이 된다. 그래서 천천히 읽기가 되면 천천히 말하기도 가능해진다.

예문 1

봄의 불청객 황사가 오고 있습니다. 황사는 중국 북동지방에서 발원한 흙먼지로 미세먼지와는 다르지만, 미세먼지의 대기 확산을 막아 농도가 짙어지는 원인이 됩니다.

예문 2

'유니버설 디자인'이란 누구나 손쉽게 쓸 수 있는 제품 및 사용환경을 만드는 디자인을 말한다. 디자인의 특징은 다음과 같다.

첫째, 먼저 누구라도 차별이나 불편함을 느끼지 않아야 한다.
둘째, 디자인이 간단하면서 직관적이어야 한다.
셋째, 접근과 사용을 위한 충분한 크기와 공간이어야 한다.
제품이나 공간을 이용하는 사람들이 편하고 안전하게 사용할 수 있도록
하는 것이 바로 유니버설 디자인의 목표다.

1. 스톱워치를 켜고 자신의 발화 속도를 체크해본다.
   [시간 체크(   )]

2. 방금 전에 읽었던 속도에서 5초 더 느리게 읽어본다. (온점 .), (쉼표 ,),
(띄어읽기) 등에 간격을 두고 천천히 읽어본다.
   [시간 체크(   )]

천천히 읽는다는 것은 한 글자씩 낱자로 끊어 읽는 것이 아니라 문장의 흐름
에 따른 띄어 읽기를 목적에 두고 있음을 기억해두자.

평상시에는 괜찮다가도 갑자기 긴장만 되면 말의 속도가
속사포 랩처럼 빨라지는 사람들이 있다. 두렵고 긴장되는 상황을
빨리 끝내고 싶다는 무의식이 빠른 호흡을 내뱉게 하기 때문이다.

왜 하필 결정적 순간에
할 말을 까먹을까?

Intro

'발표, 면접, 강연' 등의 말하기는 전달하고자 하는 콘텐츠를 잘 기억해두었다가 이를 말로 발화할 수 있는 능력을 필요로 한다. 하지만 과한 긴장으로 인해 아무것도 생각나지 않는 일명 '블랙아웃'의 상황을 몇 번 겪고 나면 말하기가 점점 두려워진다. 기억력은 상태condition나 환경Environment에 영향을 많이 받는 편이라 긴장을 하게 되면 평소 잘 기억했던 것도 생각나지 않게 된다.

문제를 풀거나 학습했던 것을 생각해낼 때 우리 뇌는 작업기억working memory이 주로 작동하게 된다. 이 영역은 심리적으로 편한 상태에서는 활발히 움직이지만, 심리적 압박이 심한 상태거나 불안과 걱정이 있을 경우 활동에 방해를 받게 된다.

특히 긴장상태state of tension에서는 심장의 맥박이 빨라지고 혈압이 상승해 마치 적에게 노출된 상황과 같은 상태가 되는데, 이때 뇌는 움직이기보다 싸울 태세를 갖추고 있어 평소보다 인출retrieval이 쉽지 않게 된다. 또한 높은 수준의 불안이나 스트레스에 시달리는 경우 기억력이 낮게 나타난다는 여러 연구결과들을 미루어볼 때 긴장이 몸의 스트레스로 작용해 뇌의 활동을 방해한다는 사실을 알 수 있다.

우리는 어떤 것을 시간 내 빨리 외우고 오래도록 기억하길 바란다. 그래야 학습에 효율적이기 때문이다.

하지만 뇌 용량은 유한하다. 한 번에 다룰 수 있는 작업기억working memory 의 양이 제한되어 있다. 그래서 뇌는 끊임없이 흘러들어오는 많은 자극 중 자신에게 흥미롭거나 필요하다고 생각하는 것들만 필터로 걸러 기억의 창 고에 저장한다. 필요한 자극은 받아들이고 불필요한 것들은 걸러냄으로써 의사결정의 시간과 노력을 최소화하는 것이다.

말하기에서 기억의 역할은 필요한 지식을 머릿속에 저장하고 적재적소 의 상황에서 이를 재생하는 도구라고 볼 수 있다. 뇌로 들어온 정보는 부호 화encoding되어 기억에 저장storage되고 필요할 때 꺼내 쓰는 인출retrieval과 정을 거치게 된다. 말하기에서는 인풋input도 중요하지만 아웃풋output은 그 이상으로 중요하다.

하지만 대부분의 사람들이 방법 없이 시간에 쫓겨 기계적으로 외우는 데 만 급급한 경우가 많다. 네비게이션 없이 무작정 길을 찾기 시작하면 돌아가 는 길이 많아지는 것처럼 이런 우격다짐식의 암기는 뇌를 지치고 피곤하게 만든다.

기억해야 하는 지식이나 콘텐츠를 뇌가 좋아하는 형태로 잘 다듬어 기억 할 수 있는 능력, 즉 말하기에도 기억 훈련이 필요하다. 뇌를 어떻게 사용하 느냐에 따라 기억의 지속시간이 달라질 수 있기 때문이다.

뇌 사용방법에 따라
말의 기억이 달라진다

백만 가지 사실을 머릿속에 집어넣고도
여전히 완전히 무지할 수 있다.

알렉 본

달달 외우면 금방 까먹는 이유

발표, 면접, 강연 등은 일정 시간 동안 사람들과 교류하며 의사소통을 하는 행위이다. 그런데 기계적으로 달달 외워서 말하려고 하면 (?) 소통이 안 된다. (열심히 외우고 있는데 갑자기 누가 말 걸면 죄다 까먹는지 않는가?)

텍스트를 그대로 암기하는 것은 뜻을 파악하기보단 일정한 순서나 틀에 맞추어 명기했다가 인출하는 기계적 방식의 기억이다. 외국어를 배울 때 처음에는 단어, 그다음은 문장과 글로 이어나가듯 부분에서 전체로 나아가 기억하는 방식과 같다.

문제는 이 같은 방식의 학습은 견수불견림(見樹不見林, 나무만 보고 숲은 보지 못함)에 빠지기 쉽다는 것이다. 문맥이나 상황에 대한 이해보다는 지엽적인 것에만 머무르게 되어 기억하는 데 여러 제약이 따를 수 있다.

먼저, 메모리의 한계다. 학습할 때나 외울 때는 뇌의 작업기억working memory이 작동하게 된다. 필요한 정보에 집중할 수 있게 해주어 불필요한 정보들에 의해 방해받는 것을 막아준다. 하지만 이 기억은 지속시간이 짧고 용량에 한계가 있어 많은 양의 메모리를 소화시키지 못하는 기억의 한계를 가지고 있다.

달달 외우기만 해서는 아웃풋 역시 쉽지 않다. 무작정 외우기만 하면 정리되지 않은 텍스트들이 뇌에 중구난방으로 쌓인다. 그러면 나갈 출구를 못 찾는다. 중요한 순간에 블랙아웃이 발생하는 이유도 정리되지 않은 메모리들이 가득 쌓여 인출을 어렵게 만들기 때문이다. 머릿속이 꽉 차 있으면 아웃풋할 정보를 선택하고 인출하는 데 방해를 받게 된다.

제갈량 공부법은 관기대략觀其大略, 즉 '대략만 보는 것'이었다. 책에 담긴 실질과 요점을 이해해 식견을 기르는 방법이다. 실제로 인간은 게슈탈트Gestalt laws 군화원리(부분이나 요소의 집합이 아니라 전체성이나 구조에 중점을 두고 파악하는 특성)가 발달해 부분보다는 전체를 먼저 이해하려는 특징을 갖고 있다. 때문에 지엽적인 학습보다는 전체를 조망해보는 학습이 빠르고 효율적이다.

'이해comprehension'가 산꼭대기에서 주변 경치를 즐기며 내려오는 하향적 학습방식Top down process이라면, '암기memorization'는 밑에서부터 끙끙대며 산꼭대기에 이르는 방식의 상향적 학습방식Bottom up process으로 설명되기도 한다. 암기가 텍스트text 그대로 머릿속에 저장하는 일이라면, 이해는 맥락과 상황이 담긴 컨텍스트context를 머릿속에 저장하는 일이기 때문이다.

암기가 아닌 이해를 하기 위해서는 어떻게 해야 할까? 텍스트를 있는 그대로 받아들이는 것이 아닌 학습자 스스로 정보 속에 참여해 '이것을 왜 읽어야 하는지'에 대한 목적을 찾는 것이 중요하다.

이러한 측면에서 이해는 학습자가 가진 스키마Schema가 자료 해석에 결정적 역할을 한다. 학습자가 가진 선행지식prior knowledge과 경험experience을 바탕으로 자신만의 지식으로 재구성해볼 수 있기 때문이

텍스트text vs. 컨텍스트context

수업시간 스마트폰을 하고 있는 학생을 향해 교수가 말한다. "학생, 자네 지금 뭐하고 있는건가?" 이때 대부분의 학생은 "네, 죄송합니다. 지금 집어넣겠습니다"라고 이야기한다. 교수님의 수업을 방해한 것에 대해 시정하겠다는 상황의 사과, 바로 컨텍스트context를 고려해 답을 한다. 하지만 교수님의 질문에 텍스트Text 그대로 "네, 게임하고 있었습니다"라고 답한다면 이는 상황의 맥락을 전혀 고려하지 않은 답이 아닌 답을 하게 된 셈이다. 상황과 환경을 상정해 이해하는 것. 이것이 바로 컨텍스트를 잘 살펴야 하는 이유다.

다. 그래서 배경지식이 많을수록 뇌에 저장된 지식에 힘을 받아 이해가 쉬워지며, 필요한 정보를 택할 때도 어떤 내용에 주의를 기울일지 스스로 결정할 수 있게 된다.

보석을 찾고 있는가, 만들고 있는가?

고급 레스토랑의 요리는 큰 접시에 아주 조금 담겨 나온다. 양이 적긴 하지만 한입에 다 먹진 않는다. 그 한입의 요리를 나이프로 여러 번 썰어가며 천천히 맛을 음미한다. 그리고 맛에 끊임없이 의미부여를 한다.

"새우의 쫀득하고 달달한 맛이 일품이네."

"상큼 쌉쌀한 자몽샐러드를 함께 곁들이니 맛의 조화가 좋아."

"입안에 봄이 온 것 같은 건강한 맛이야."

음식 맛에 의미를 더하고 생각하는 습관을 갖게 되면서부터 식사 시간이 훨씬 더 풍성해지고 즐거워짐을 느낀다. 음식이 주는 긍정적 가치와 의미를 끊임없이 찾으려 노력하기 때문이다.

아무리 좋은 자료나 정보도 그냥 아무 생각 없이 보면 머릿속에서 금세 휘발되어 버리기 마련이다. 사실 나 역시도 그동안의 많은 발표를 자료 그대로 외워 앵무새처럼 말하기에 급급했다. 그러다 보니 질문만 들어오면 머릿속이 하얘지고 눈앞이 깜깜해지는 일이 다반

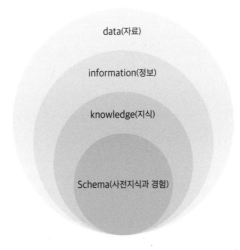

사였다.

한 번을 보더라도 의미 있게 보는 것이 중요하다. 가장 확실한 방법은 텍스트를 보면서 머릿속에 떠오르는 의문과 생각을 적어보는 것이다. 학문을 깨칠 때도 자꾸 물어야 내 진짜 지식이 되는 것처럼 의문이 낳은 생각들을 내가 가진 스키마(사전 지식이나 경험)와 연결해보면서 의미를 찾아봐야 한다.

의문을 가지고 머릿속에 떠오르는 생각을 적다 보면 생각은 또다시 다른 생각으로 꼬리를 문다. 이 과정에서 여러 가지 아이디어나 경험들이 쌓이기 시작하고, 나도 몰랐던 의미 있는 인사이트를 발견하기도 한다.

▲ 텍스트 그대로 암기^{memorization} 전달하기

나비효과: 나비의 작은 날개짓이 날씨 변화를 일으키듯 미세한 변화나 작은 사건이 추후 예상치 못한 엄청난 결과로 이어진다는 의미다. 주어진 정보 그대로 암기해 전달한다.

▲ 텍스트의 맥락과 핵심을 이해^{comprehension} 전달하기

나비효과(Butterfly effect)

주어진 정보에 자신의 스키마(사전지식과 경험)을 적용해 이해하고 전달한다.

1. What?(정의를 찾아본다)

2. Why?(배경을 찾는다)

3. How?(예를 찾아본다)

What?
나비효과의 정의:
나비의 작은 날갯짓이….

Why?
미국의 기상학자 로렌츠(Edward Lorenz)가
기상변화를 예측하는 과정에서
근소한 입력수치 차이가 완전히 다른
기후패턴의 결과로 나타난 데에서 유래한 용어.

How?
(예: 모 항공사 임원이 직원에게 물컵을 던지면서 시작된 나비효과가
그룹 전체의 거대한 태풍이 됨.
내부직원폭로, 조세포탈혐의 본사 압수수색, 출국금지 등)

128

사실 더 궁금한 건 뉴스기사 밑에 모여든 사람들의 반응(댓글)이다. (심지어 어떤 이들은 기사는 생략하고 댓글만 보러 가기도 한다.) 뉴스에서 전하는 메시지가 '리얼팩트real fact'인지에 대해서도 의문을 갖는다. 그래서 '팩트체크fact check'까지도 등장했다. 추세의 흐름을 잘 반영하고 있는 <jtbc 뉴스룸>은 종편임에도 시청률이 꽤 높은 편이다. 정치·사회 관련 썰을 풀어놓는 <썰전>이나 <강적들> 같은 정치예능도 꾸준히 인기를 끌고 있다. 이 같은 프로그램들의 인기 요인은 정보나 사실을 그대로 전달하기보다는 우리 스스로 던져볼 수 있는 생각과 경험을 더해 구체적 언어로 전달해주기 때문이다. 정보들은 많지만 그 정보에 대한 해석과 감정, 생각들은 모두 다 다를 수 있기 때문에 어떠한 의미를 담아 어떻게 전달하느냐가 더 중요해지고 있는 추세다.

유능한 셰프는 흔한 재료를 가지고 흔하지 않은 요리를 만들어낸다. 좋은 정보는 찾는 것이 아니라 직접 만드는 것이다. 정보와 정보와의 관계를 잘 엮어낼 수 있을 때, 그리고 자신이 가진 스키마에 연결 의미를 더할수록 좋은 정보가 내 품속으로 들어오기 마련이다.

Selective attention

Remarkable해야
기억된다

처음부터 당신이 원하는 모습으로
곱게 빚어져 나오는 작품은 없다.

그저 그런 정보는 금방 사라진다

난생 처음으로 시골에서 누렁소를 본 이의 반응을 상상해보면 어떨까?

"어머 어머, 누렁소다! TV 프로그램 〈6시 내고향〉에서만 보던 그 누렁소야! 내가 먹기만 하던(?) 그 누렁소를 직접 보다니 웬일이니, 웬일이야!"

그러다 하루 이틀 일정 시간이 흐르고 나면 누렁소가 내 앞에서 살랑살랑 꼬리를 흔들며 방긋 쳐다봐도 금세 반응은 심드렁해질지 모른다.

"음, 그래. 누렁소구나!"

이때 갑자기 저 100m 앞, 온몸이 보랏빛으로 물든 매력적인 소가 성큼성큼 내 앞을 향해 걸어온다면?

"어머, 어머 이거 완전 대박! 인증샷 인증샷(찰칵찰칵)."

난생 처음 보는 이 'Remarkable'한 상황에 눈이 번쩍 뇌가 찌릿 반응하지 않겠는가?

이 이야기는 세스 고딘의 저서 『보랏빛 소가 온다』내용의 일부로 자극에 반응하는 사람들의 특성을 이야기하고 있다. 같은 소인데, 색깔만 바꿨을 뿐인데….

사람들은 특정 자극에 장시간 노출되면 더이상 자극에 주의를 주지 않게 된다. 감각이 무뎌지고 더이상 흥미를 끌 수 없는 '적응adaptation' 또는 '습관화habituation' 상태가 되기 때문이다.

매번 똑같아 보이면 그 순간 가치가 사라진다. 익숙함은 편안함을 주기도 하지만, 때로는 루즈하고 지루하다는 감정을 느끼게도 한다. 그래서 달라야 한다. 다르면 인지가 되고, 인지 후에는 자연스럽게 기억되기 때문이다.

뇌는 비슷비슷하던 정보에 조금만 다른 자극이 주어져도 즉각 반응하는 특징을 보인다.

"어? 이거 중요한 정보인가 본데?"

녹음이 짙은 나무숲 속 빨갛게 익은 과일이 저 멀리서도 한눈에 보

▲ 적응 또는 습관화

동일한 색상, 동일한 모양의 자극이 반복적으로 제시되면 응시 시간이 감소한다.

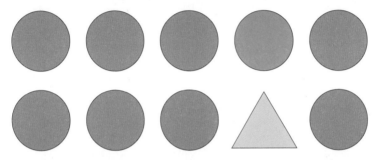

색상이나 모양 등 다른 자극이 제시되면 다시 응시 시간이 증가한다.

이는 것, 교통안전 전문가들이 안전표시판을 만들 때 다른 일반 표시판들보다 더 눈에 띄도록 밝은 색과 뚜렷한 대비를 사용하는 것이 바로 탈습관화dishabitulation의 한 예이다.

한 조사결과에 따르면 사람들은 하루에 약 1,500개의 광고에 노출되며, 그 중 약 76개의 광고를 지각하고, 또 그 중에서도 약 12개의 광고만 기억한다고 한다. 인간은 여러 가지 이유로 외부에서 들어오는 모든 정보를 다 처리할 수 없다. 그래서 자신에게 필요한 것만 선택적으로 받아들인다.

이것이 바로 '선택적 지각Selective Perception'이다. 외부정보를 자신의 주관적 판단이나 필요, 자신에게 유리한 것만 선택적으로 받아들이는 행위이다.

어떤 부분에 강조 포인트를 둘 것인가?

비슷한 맥락으로 의식적인 노력하에 정보가 적극적으로 처리되는 과정이 있다. 예를 들면 독서나 학습, 시끄러운 환경 속 대화 등은 어떤 대상을 향한 능동적인 움직임을 통해 정보에 집중하게 되는 현상이다.

이와 달리 필요한 정보를 직접 선택해야 할 때 능동적으로 주의를 기울이는 노력을 선택적 주의selective attention라고 한다. 특히 선택적 주의는 학습에서 매우 유용하게 사용된다. 동일한 텍스트일지라도 어떤 부분에 강조 포인트를 두느냐에 따라 의미의 중요성이 달라지기 때문이다.

- 도파민은 뇌세포사이에서 신호를 전달하는 **신경전달물질**이다.
- 도파민은 뇌세포사이에서 **신호를** 전달하는 **신경전달물질**이다.
- 도파민은 뇌세포사이에서 신호를 전달하는 신경전달물질이다.

문서나 프레젠테이션에서도 제목이나, 중요한 단어 등은 '크기size,

굵기^{Thickness}, 색깔^{color}' 등에 자극의 변화를 줘서 인지 및 기억하게 한다. 이 같은 자극은 주위 배경과 대비되어 눈에 더 선명하게 들어오게 하는 대비원리$^{principle of contrast}$를 작동하게 하고, 뇌는 이를 주목해야 할 신호라고 생각하고 받아들인다. 자극의 변화에 따라 주의를 기울이는 관점 포인트가 달라지는 것이다.

크기|size의 변화

올해 1월 서울 강남구 집값은 전국 평균보다 20배나 올랐다. 오름폭이 컸던 서울 강남권과 양천구는 수요 대비 매도 물건이 부족하면서 재건축·고가 아파트 위주로 상승했다. 한강변 입지가 좋고 개발 호재가 있는 성동·광진구 아파트도 수요가 몰리면서 상승 폭이 컸다.

굵기|Thickness의 변화

평소 활동량이 부족하면 내장 지방량이 늘어나 '복부비만'이 생기기 쉽다. 카놀라유가 복부 지방의 감소를 도와 대사증후군을 개선한다는 연구가 있다. 학술지 'Obesity'에 실린 내용에 따르면 카놀라유나 고올레인산 카놀라유를 섭취한 참가자들에게서 복부지방이 눈에 띄게 감소했다.

색깔|color의 변화

올해 1월 한 달간 수은주가 '롤러코스터'를 탄 것처럼 출렁였던 것으로 나타났다. 가장 추웠던 때 전국 평균기온은 평년보다 9도 가까이 낮았고, 따뜻했을 때도 평년보다 4도나 기온이 높았다. 1일 기상청이 발표한 '1월 기상 특성'에 따르면 지난달 전국 평균기온은 -2.0도로, 평년보다 낮았다.

Schema

스키마와 연결되면
뇌는 반갑게 반응한다

세상에서 가장 어려운 일 2가지가 있다.
그 중 첫 번째는 남의 돈을
내 주머니에 넣는 일이고,
두 번째는 내 생각을 남의 머리에 넣는 일이다.

아는 만큼 보인다

'나를 사랑으로 채워줘요~'

이 문장을 볼 때 혹시 당신의 머릿속에 흥겨운 트로트 한 곡이 자동 재생되었는가? 나도 모르게 흥얼거림이 새어나왔다면 그것은 당신의 뇌에 홍진영의 노래 〈사랑의 배터리〉에 대한 정보가 저장되어 있기 때문일 것이다.

뇌는 외부 정보를 받아들이기 전 그 자극이 내 머릿속에 저장된 스키마와 연결성을 갖고 있느냐, 그렇지 않느냐에 따라 주의attention와 기억memory여부를 결정하게 된다. 커뮤니케이션에서 오고 가는 정보

가 자신의 스키마에 저장되어 있지 않을 경우, 귀로는 들었어도 머리로는 이해하지 못하는 상황들이 발생한다.

> "김홍수 씨 뺨치게 부자래."
> → (그게 누군데?)

반대로 자신의 스키마(사전지식/경험 등)와 유관적으로 연관되어 있을 경우, 좀더 쉽게 이해하고 의미 있는 정보로 받아들인다.

> "빌게이츠 뺨치게 부자래."
> → (그만큼 부자야?)

스키마는 한 사람이 가지고 있는 사전지식과 semantic memory 과 경험 Episodic memory 의 총체로, 정보를 선택적으로 주목하게 만든다. 따라서 누군가의 뇌에 기억을 남기는 말을 하고 싶다면, 그 사람의 머릿속에 어떠한 스키마가 저장되어 있는지를 생각해보는 것이 좋다. 말하는 사람과 듣는 사람 사이에 개념이 함께 공유되면 소통이 원활해지고 오래 기억이 지속되기 때문이다.

상대방이 잘 알지 못하는 전문용어나 어려운 말을 사용 이해하기 어렵게 만드는 상황을 로빈 호가스Robin Hogarth는 '지식의 저주curse of knowledge'라고 정의한다. 자기가 알고 있는 지식을 다른 사람도 알 것이라는 인식의 왜곡 때문에 제대로 소통하지 못하게 되는 현상이다.

다음은 SNS에서 화제가 되었던 '직딩vs.문과vs.이과'의 감성비교글이다. 자신의 머릿속 스키마와 유관적relation으로 연결된 표현방법이 있다면 뇌는 자전적 기억을 떠올려 아주 반갑게 반응하게 될 것이다.

한 월급쟁이가 백사장에서 모래를 가지고 한숨을 쉬고 있었다.
그는 따스하고 하얀 모래를 두 손 가득히 움켜잡았다.
"이것이 월급."
손을 들어올리자 모래가 손가락 사이로 흘러내리고 말았다.
"이것이 원천징수."
월급쟁이는 흘러내리는 모래를 막아보려 했지만,
그래도 모래는 멈추지 않았다.
"이것이 2차 공제."
다행이 두 손 안에는 흘러내리지 않은 남은 모래가 있었다.
"이것이 실수령액."
월급쟁이는 집에 가기 위해 손을 탁탁 털어버렸다.
그랬더니 손바닥에 남아있던 모래가 금빛으로 반짝였다.
"이것이 통장잔고."

문과 아이가 백사장에서 모래를 가지고 놀았다.

아이가 따스하고 하얀 모래를 두 손 가득히 움켜잡았다.

"이것이 사랑."

문과 아이가 손을 들어올리자 모래가 손가락 사이로 흘러내리고 말았다.

"이것이 이별."

문과 아이는 흘러내리는 모래를 막아보려 했지만 그래도 모래는 멈추지 않았다.

"이것이 미련."

다행히 두 손 안에는 흘러내리지 않고 남아있는 모래가 있었다.

"이것이 그리움."

문과 아이는 집에 가기 위해 모래를 탁탁 털어버렸다.

그랬더니 손바닥에 남아있던 모래가 금빛으로 빛나고 있었다.

"이것이 추억."

이과 아이가 따스하고 하얀 모래를 두 손 가득히 움켜잡았다.

"이것이 수력 마찰에 의해 잘게 쪼개진 돌 부스러기."

손을 들어올리자 모래가 손가락 사이로 흘러내리고 말았다.

"이것이 중력."

이과 아이는 흘러내리는 모래를 막아보려 했지만 그래도 모래는 멈추지 않았다.

"중력가속도가 작용하고 있어."

이과 아이는 집에 가기 위해 모래를 탁탁 털어버렸다.

"이것이 관성의 법칙."

그랬더니 손바닥에 남아있던 모래가 금빛으로 빛나고 있었다.

"염분에 의한 점성으로 손에 달라붙고 있구나."

같은 맥락으로 어떤 내용을 잘 이해하기 위해서 그것과 관련된 스키마를 채우고 나면 이해가 조금 더 쉬워진다. 하나의 예로 일본 트렌드에 대해 이해하고자 할 때 일본을 직접 다녀와본 것과 그렇지 않았을 때 느끼는 차이는 크다. 개인의 경험 학습experimental learning 및 적극적 참여가 이해의 기반을 다르게 만들기 때문이다.

학습의 목적은 중요한 정보를 습득해 자신의 생존율을 높이려는 데 있다. 그래서 뇌는 자신과 직접적으로 관련이 있거나 자신의 생존에 득이 되는 정보를 잘 기억하고 저장하기 마련이다.

사람들은 어떤 것을 수용할 때 자신이 알고 있는 정보를 통해 판단을 내리기 쉽다. 이는 뇌가 머릿속에서 곧바로 꺼내 쓸 수 있는 쉬운 정보, 즉 가용성 휴리스틱availability heuristic에 의존하기 때문이다. 많은 노력을 들여 정보를 처리하기보다는 손쉬운 처리를 선호한다. 가령 자주 들어서 익숙한 것, 개인적 경험, 생생한 사례들은 머릿속에 쉽게 잘 떠오르고 또 기억하기에도 용이하다.

『감정독재』의 저자인 강준만은 본래 가용성 휴리스틱은 의사결정 시 합리적인 기준에 의해 상황을 판단하는 것이 아니라 자기의 경험에 의해 결론을 내려버리는 비합리적 의사결정을 의미하는 용어로 더 널리 쓰인다고 말한다. 가용성 높은 정보에만 의존할 경우, 객관적 추론이 어려워지고 논리적 타당성도 낮아진다. 따라서 중요한 판단의 경우, 가용성 의존경향보다는 외부의 객관적인 정보에 주의를 기울이는 노력 등이 필요할 것이다.

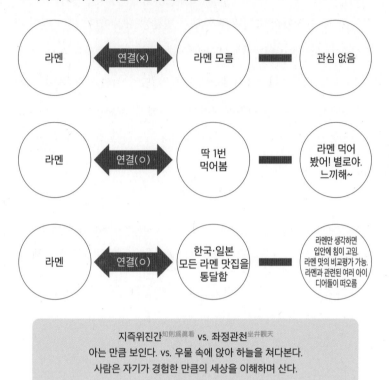

▲ 각자의 스키마에 따른 라멘 맛에 대한 평가

지즉위진간知則爲眞看 vs. 좌정관천坐井觀天
아는 만큼 보인다. vs. 우물 속에 앉아 하늘을 쳐다본다.
사람은 자기가 경험한 만큼의 세상을 이해하며 산다.

언어와 생각은 함께 공유된다

사람들은 살면서 무수한 경험을 통해 지식, 감정, 여러 가지 일의
연결 패턴이 뇌 신경망 속에 형성되어 살아간다. 특히 동시대의 사
회 경험과 삶의 패턴을 쌓은 사람들은 생각과 추측도 비슷한 특징을

보이기 마련이다.

이러한 측면에서 시대의 변화와 사회현상을 반영한 신(新) 언어(신조어)는 경험하고 있는 현실을 언어라는 매개체를 통해 공유할 수 있게 만든다. 신조어는 용어 자체는 새롭지만 이미 우리 머릿속에 존재하는 스키마를 재표현한 것이기 때문에 뇌의 입장에서는 친근하고 반갑다.

통계청이 발표한 지난해 실업자 수는 102만 8천 명으로 실업자 통계가 바뀐 2000년 이후 가장 높게 나타났습니다.

캥거루족이라고 들어보셨나요? 어미 배에 달린 주머니에서 자라는 캥거루처럼, 성인이 되어서도 경제적으로나 정신적으로 독립하지 못하고 부모에게 의존하는 사람을 이르는 말입니다.

1인 가구는 2016년 540만 명으로 해마다 꾸준히 증가하고 있는 추세입니다.

혼밥 해보셨나요? 최근 1인 가구가 빠르게 증가하면서 '1코노미' 라이프가 문화 트렌드로 자리매김하고 있습니다.

이렇게 새 정보를 이전 정보와 관련시켜 연관 짓는 행위를 정교화elaboration 처리라고 한다. 새로운 자극을 끈에 매달아 장기기억 속에 저장하게 만드는 것이다.

실제로 아는 것이 많을수록 정보를 받아들이기 쉬워지는 것도 이와 같은 이유에서다. 즉 새로운 정보가 들어왔을 때 연결될 수 있는 확률이 높아지기 때문이다. 게다가 새로운 자극이 자신의 스키마와 연결되면 기억은 또 다른 지식으로 재연결되는 점화효과^{priming effect}를 일으켜 생각의 폭을 보다 더 넓히고 기억을 한층 더 강화시키게 된다.

'원숭이 엉덩이는 빨개, 빨가면 사과. 사과는 맛있어, 맛있으면 바나나. 바나나는 길어, 길으면 기차. 기차는 빨라, 빠르면 비행기.'

신경과학의 관점에서의 기억은 신경세포(뉴런)들의 연결망이 강화되어 나타나는 현상이다. 기억이 단단해지기 위해서는 기존 신경세포와의 연결을 통해서 강화될 수 있다. 펼쳐진 휴지 한 장은 가볍지만 꼬아 만든 휴지는 그 강도가 매우 단단해지는 것처럼 하나의 기억은 가볍지만, 연결의 재연결을 거친 기억은 단단하게 우리 머릿속에 저장된다.

남의 암보다 자신의 감기가 더 아픈 이유

'타인의 이야기'일 때는 무덤덤하게 반응하던 것도 '나'로 초점을 바꾸어 생각하면 관점부터 달라진다. 지금 이 글을 쓰고 있는 순간에 창밖은 미세먼지로 뿌옇다. 영국의 스모그, 베이징의 미세먼지 등의 뉴스에는 별 관심도 없던 내가 자국의 미세먼지를 온몸으로 직접 체감하고 나니 나의 모든 일상이 날씨의 안녕과 연관된 생각뿐이다. (스마트폰을 볼 때에도 미세먼지 기사에 눈이 가고, 외출할 때도 창문부터 열어 날씨를 확인한다.)

이처럼 '자기중심적편향'은 가까운 영역에서 발생하는 사건에 민감하게 반응하게 한다. 또한 자기중심적으로 정보를 처리하게 만든다.

아래는 '출산율'에 관한 글이다. 어떠한 생각이 드는가? 우리나라 출생아 수가 현저히 줄어들고 있는 사실을 보여주는 심각한 데이터이지만, 대개 미온적인 반응을 보인다.

통계청에 따르면 2018 올해 출생아수는 40만 명을 밑돌 것으로 전망하고 있습니다. 한국은 비혼, 만혼, 무자녀 부부 확산 등으로 인해 가임여성 숫자가 급격히 줄고, 또 첫째 아이 출산 시기도 늦어져 합계 출산율이 점차 낮아지는 추세입니다.

이번에는 출산율에 사적 유관성을 더해 의미를 만들어보자. 사적 유관성은 ('나' '나의 아내' '내 친구' '우리 아들' '나 아는 분' '우리 회사 부장님' 등) 나를 중심으로 파생되는 이야기들이다.

- 둘째는 안 낳겠다는 아내.
- 세 아이 교육비로 등골 휘는 회사 부장님.
- 난임으로 어려움을 겪고 있는 친구 수민이.
- 결혼적령기를 훌쩍 넘긴 우리 딸, 아들.

더이상 남의 일처럼 심드렁하게 반응하기 어렵다. 출산율에 관한 데이터는 수도 없이 많지만 자신과의 유관성을 더하면 유일무이한 이야기가 되기 때문이다. 자기와 관련된 정보가 잘 처리되는 현상인 '자기참조효과self-refer ence effect'는 개인적으로 관련 있고 중요한 의미를 지닌 경험을 오래 기억하게 만든다.

통계청에 따르면 2018 올해 출생아 수는 40만 명을 밑돌 것으로 전망하고 있습니다. 한국은 비혼, 만혼, 무자녀 부부 확산 등으로 인해 가임여성 숫자가 급격히 줄고, 또 첫째 아이 출산 시기도 늦어져 합계출산율이 점차 낮아지고 있는 추세입니다. In my case 저희 언니도 현재 1명의 아이를 두고 있는데요, 둘째를 낳고 싶어도 둘다 맞벌이를 하고 있기 때문에 키울 여력이 없어 엄두를 내지 못하고 있는 상황입니다.

작은 집, 최소한의 생활용품들로만 생활하는 미니멀 라이프가 새로운 트렌드로 자리 잡고 있습니다. In my case 저 같은 경우에도 몇 년 전부터 미니멀 라이프를 지향하기 시작했는데요, 식재료를 사기 전 냉장고에 있는 음식부터 먹으려고 노력하고, 구매하기 전에 있는 것부터 쓰려고 노력하는 중입니다.

스마트폰, 컴퓨터 등을 오랫동안 사용함에 따라 목 디스크, 손목터널증후군 등 VDT 증후군 환자가 늘고 있다고 합니다. 스마트폰과 컴퓨터가 일상생활의 필수요소로 자리 잡은 변화된 사회 환경에서 파생된 대표적인 현대인 병인데요, In my case 요즘 제 아내도 손목이 뻐근하고 저리는 '손목 터널증후군' 질환의 증상으로 일상생활에 큰 불편을 겪고 있습니다.

집에서 엄마가 늘 담가주시던 된장이 떨어져 인터넷에 '재래식 된장'을 검색해본다. 파워링크부터 지식쇼핑까지 구매할 수 있는 사이트가 끝없이 나온다. 하지만 나는 그 많은 판매사이트를 뒤로 하고 '재래식 된장 추천'으로 키워드를 재수정해 '카페' 출처의 글들을 검색해본다.

"재래식 된장을 사서 드시는 분들, 추천 부탁드려요~^^(일반 마트 표 말고 수제된장요.)" 이런 제목의 게시글을 올린 후에 수십 개의 답글이 주루루 달렸다. "저는 '○○된장'을 먹고 있어요." "저 아는 언니는 ○○된장을 먹고 있어요"라며 저마다 재래식 된장을 추천해준다.

그 중 가장 신뢰감(?)이 드는 댓글에 힌트를 얻어 제품을 검색해보고 합리성을 따져 제품을 검색한 후 구매한다. 업체가 이야기하면 광고 같지만 댓글에 달린 정보는 '아는 언니'가 숨은 정보를 말해준 느낌이 들기 때문이다.

기혼자들이 어떤 '말'에 '더 크게 공감할까?'를 생각해보면 유관성에 대해 조금 더 쉽게 이해할 수 있다. 내 귀로 들어온 정보가 자신과 연결성을 갖는다고 생각하면 쉽게 처리되지만 모순되면 처리에 저항(공감하지 못하거나, 이해하지 못하는)이 생길 수 있다.

"저는 결혼생활이 너무 행복해요.
기념일마다 명품 옷을 선물로 받아
요."
"저희는 한 번도 싸운 적도 없어요,
호호호~"

"저에게 남편은 로또 같아요.
하나도 안 맞아요."

기억을 남기는 말의 핵심은 상호교류적 대화다. 자신과 유관성이 없는 말은 튕겨져나가기 마련이다. 같은 생각, 같은 느낌의 감정을 느낄 수 있는 말, 즉 공감하고 교감할 수 있는 이야기는 '나'로부터 시작된다.

다른 세상에서 사는 것 같은 유명인들이 곱창이나 떡볶이를 좋아한다고 하면 왠지 더 사람 냄새 나는 것처럼 친근하게 느낀다. 자신의 삶과 공통된 연결점이 있기 때문이다. 오랜 무명 시간을 견딘 배우의 '사람냄새' 나는 수상 소감은 듣는 것만으로도 마음을 찡하고 뭉클하게 만든다.

"이렇게 작은 영화에 출연한, 유명하지 않은 제가 이렇게 큰 상을 받다니…
저에게 이 상을 주신 건 포기하지 말라는 뜻인 것 같습니다. 앞으로 의심하지
않고 자신감을 가지고 열심히 하겠습니다."

(청룡영화상 여우주연상 천우희 수상소감)

"제가 제 손으로 밥벌이를 못하고 살 줄 알았습니다. 기분 좋습니다. 이준익
감독님, 멋진 스태프들, 저에게 행복한 시간을 갖게 해주셔서 너무 감사합니
다. 나의 사랑하는 아내, 고맙습니다."

(청룡영화상 남우조연상 김상호 수상소감)

Repeat

굳은 살 같은
굳은 기억 만들기

독서백편의자현 [讀書百遍義自見],
내용을 모르더라도 무조건 반복해서 읽다 보면
언젠가 그 뜻을 스스로 깨닫는다.

앞부분만 공부하다가 늘 포기하는 당신

시작할 때의 힘찬 의욕과는 달리 뒤로 가면 갈수록 에너지는 급격하게 떨어진다. 시험공부도 그랬고, 발표준비도 그랬다. 끝을 못 맺고 지쳐 포기하는 일이 다반사였다.

앞부분만 흔적을 남기고 그만두는 일이 계속되다 보니 나는 스스로와 한 가지 약속을 했다. "일단 한 번은 보자."

그래서 딱 1시간을 정해놓고 이해 여부와는 상관없이 모든 진도를 무조건 시간 안에 끝냈다. 두 번째 볼 때는 시간을 반으로 줄이고 이후에는 15분, 그다음은 10분 등으로 최대한 시간을 짧게 쪼개어

학습 속도를 높였다. 물론 지금 이 책을 쓰는 순간에도 작업이 무작정 늘어지는 것을 막기 위해 타이머를 맞춰놓고 한다. 제한시간을 정해두면 마감효과(시일이 임박해져 집중력이 증대되는 현상)가 나타나 시간을 훨씬 더 밀도 있게 쓸 수 있기 때문이다.

이렇게 제한시간을 두고 반복 횟수를 높이니 인지유창성^{cognitive} fluency(무엇인가를 쉽게 처리하는 정도)이 좋아졌다. 속도가 점점 빨라졌고, 시간 안에 (내용의 깊이와 상관없이) 전체 진도를 나갈 수 있었다. 무엇보다도 일단 한 번은 봤다는 심리적 안정감이 학습의 능률을 좋게 했다.

인간의 뇌는 입력된 정보 가운데, 사용 빈도가 많은 것을 '중요하다'고 판단한다. 처음 봤을 때는 도무지 이해되지 않던 내용들도(낯선 메시지는 새롭게 해석하기 위해 많은 에너지를 필요로 한다), 몇 번 보고 난 뒤에는 '아, 이 말이었구나?' 하고 알게 되는 경우가 그렇다.

실제로 같은 내용을 한 번 볼 때와 2~3번 보았을 때 책장을 넘기는 속도가 달라진다는 것을 알 수 있다. 반복을 더할수록 메시지를 해석하고 처리하는 데 필요한 에너지가 줄어들게 되는 것이다.

군터 카르스텐의 저서 『기억력, 공부의 기술을 완성하다』를 보면 분산학습이 벼락치기보다 기억률이 높다고 주장한다. 간격효과^{spacing effect}를 통해 뇌가 그 횟수만큼 계속 활성화되기 때문이다.

실제 뇌는 판단을 내리는 기준 중 하나로 인지적으로 보다 쉽게 처리할 수 있는 정보를 더 선호한다. 덩어리가 크면 뇌는 두려워하거나 거부감을 느끼기 때문에 같은 횟수일지라도 한 번 종합해 몰아보는 것보다 시간을 두고 여러 번 나눠보는 것이 기억에 효율적인 방법이 될 수 있다는 이야기다.

반복해서 읽는 것도 좋지만 떠올려보는 것도 좋다. 내용을 덮고 학습한 내용을 상기하면 주의력이 기억하려는 내용에 초점을 맞추고 그 정보를 유지하기 위해 애쓰게 됨으로써 뇌에 오랫동안 기억되기 때문이다.

망각하고 싶은 정보를 다시금 반복해주는 친절한 친구가 있다.

"지현아, OOO 다 잊어버려! 뭐, 그런 나쁜 놈이 다 있냐."

"그 나쁜 자식은 생각도 하지마."

"오늘부터 OOO 그 자식 절대 생각하면 안 된다.

나를 버리고 떠난 그 나쁜 놈의 기억을 잊고 싶다. 그래서 술 한 잔하며 마음을 위로해줄 수 있는 친구를 만났다. 그런데 이상하게도 친구와의 술자리 후 그 자식이 더 보고 싶고 생각난다.

왜 그럴까? 말과 생각은 되뇌이면 되뇌일수록 우리 뇌에 깊숙이 자리 잡게 된다. 그래서 옛 연인의 기억을 잊으려 해도 옛 연인의 이름 OOO을 듣는 순간을 시작으로 옛 연인과 관련된 경험들이 머릿속에 점화되며 더욱더 강력한 기억으로 자리 잡게 된다.

다시 말해 그 놈(?)을 떠올리지 말라는 명령했음에도 불구하고 그 놈(?)의 이름을 듣는 순간, 머릿속에는 그 놈(?)의 이름으로 점화되는 여러 가지 생각들로 기억이 되려 더욱 생생해지게 된다는 이야기다. 때문에 나를 버리고 간 그 나쁜 놈의 생각을 잊기 위해서는 그 사람의 이름을 반복 노출시키는 것은 금물이다. 그래서 사람들은 헤어진 연인의 정보는 생각하지 않으려 재빨리 지워버리는지 모른다.

> **에빙하우스 망각곡선**
> 망각을 방지하려면 반복해야 한다. 한꺼번에 반복하는 것보다 시간을 두고 분산 반복해야 한다.

쉬어야 생산성이 좋아진다

미국 실리콘밸리에서는 근무시간에 당구도 치고, 맥주도 마신다고 한다. 심지어 다른 한쪽에서는 해먹을 걸어놓고 낮잠을 자기도 한다. "미국에 있는 사장님들은 이렇게 다 친절하고 좋은가?"라고 생각할 수 있겠지만, 이는 인간이 수다 떨고 놀 때 더 좋은 아이디어가 많이 나온다는 뇌 과학의 연구 결과를 직원들의 복지에 적용했기 때문일 것이다.

길을 걷다가, 버스를 타고 가다가, 집안 청소를 하다가 갑자기 아이디어가 번뜩하고 떠오를 때가 있다. 이렇게 멍한 상태에서 뇌가 활발해지는 현상을 '디폴트네트워크default network'라고 한다.

디폴트네트워크는 우리의 뇌를 자유롭게 해 정보를 소화하고 이해하는 데 도움을 준다. 어떤 어려움에 빠졌을 때 여유를 두고 기다리면, 뇌가 쉬는 동안 무의식을 동원해 그 해결책을 찾으려고 노력하기 때문이다.

날밤을 새워가며 하는 몰아학습massed practice, 일명 벼락치기 공부법은 공부를 많이 했다는 만족감은 줄지 몰라도 그 기억은 오래 남지 않는 것으로 알려져 있다. 공부한 내용이 기존의 지식과 결합해 기억 속에 자리 잡을 수 있는 처리과정을 제대로 거치지 못하기 때문이다.

독일 자르란트 대학 신경심리학 실험실의 알레스 메클링거 박사가 대학생 41명을 대상으로 진행한 실험 결과에 따르면, 계속 깨어 있던 그룹보다 잠을 잔 낮잠 그룹이 기억을 해내는 능력이 거의 5배 높다는 연구결과를 내놓는다.

이런 결과의 원인은 무엇일까? 이는 인간이 낮잠을 잘 때 발생하는 응고화Consolidation(기억이 확고하게 굳어지는 과정) 때문이었는데, 해마의 수면 방추sleep spindle 활동이 낮잠으로 인해 활발해지게 된 것이다.

잠을 자는 동안 학습한 내용은 해마에 저장되고 대뇌피질과 꾸준한 교류를 갖게 된다. 이 과정에서 중요한 정보와 중요하지 않은 정보가 분리된다. 어떤 정보를 저장할 것인지는 반복·주의·의미부여에 의해 결정된다. 신체는 쉬고 있지만 뉴런은 가동되고 있기에 기억이 더욱 강화되는 것이다. 이러한 이유로 응고화가 잘되려면 반드시 쉬는 시간break time이 확보되어야 한다.

만약 쉬는 시간도 없이 연이어 다른 학습 정보가 들어와 버리면 응고화가 방해를 받는다. 뒤이은 학습이 앞선 지식의 기억을 훼손시키는 후행 간섭proactive interference이 발생하기 때문이다.

이 같은 이유로 학습한 직후보다 일정한 시간이 흐르고 나서 더 많이 기억할 수 있는 현상이 나타나는 것이다. 이를 과회상^{reminiscence} 현상이라고 하는데 잠재적 기억으로도 불리운다.

간섭현상 최소화하기
- 휴식: 뇌는 쉬는 시간을 이용해 받아들인 정보를 강화하고, 정리하는 작업을 한다.
- 교차학습(interleaved practice): 같은 내용이 연속적으로 겹치지 않게 번갈아 가면서 학습하는 방법을 말한다.
- 장기기억정보와 연결하기: 기억에 오랫동안 저장된 지식은 간섭현상을 일으키지 않는다.

날밤을 새워가며 하는 몰아학습^{massed practice},
일명 벼락치기 공부법은 공부를 많이 했다는 만족감은 줄지 몰라도
그 기억은 오래 남지 않는 것으로 알려져 있다.

뇌에 꽂히는
말의 방법

> "열정과 창의성을 바탕으로 타 조직과는 차별화된 전략을 반드시 세우도록 하겠습니다."
> "글로벌 무대의 당당한 주역으로 성장할 수 있도록 늘 매사에 최선을 다하겠습니다."
> "4차 산업혁명시대를 이끌 수 있도록 창의적사고와 이해의 폭을 넓혀 일하도록 하겠습니다."

좋은 말이기는 한데 뇌에 꽂히지 않는 말의 표현들이 있다. 말은 뭔가 그럴듯한데, 듣고 나면 느낌표(!)가 아닌 물음표(?)를 남기게 하는 그런 말들 말이다.

실험 하나를 소개한다. 한스 게오르크 호이젤의 저서 『뇌, 욕망의 비밀을 풀다』에 있는 내용이다. '최선'과 '코끼리' 각각의 단어를 들려준 후 뇌가 반응하는 정도의 실험을 한다. 실험결과 '최선'보다 '코끼리'의 단어에서 뇌가 더 강렬한 빛을 발하며 활성화되었다는 결론이다. 도대체 그 이유가 뭘까?

'최선'이란 단어는 개념적 의미나 그 정도는 대충 가늠할 수 있다. 하지만 당신에게 그 형태를 떠올려보라고 한다면 어떨까? 뭔가 쉽지 않을 것이다. 반대로 '코끼리'는 쉽고 분명하게 떠올릴 수 있을 것이다. 이미 우리 뇌 속에 코끼리의 모양 정보(기다란 코, 큰 귀, 커다란 몸집)가 자리 잡고 있기 때문이다.

우리 뇌가 '최선'보다 '코끼리'의 단어에서 즉각적이고 활발하게 반응하는 현상, 그것이 바로 추상과 구상의 차이라 할 수 있다. 추상은 일정한 형태와 성질을 갖추고 있지 않거나 구체성이 없는 막연한 것이다. 이와는 반대로 구상은 사물이나 현상이 일정한 모습을 갖추고 있어 그 형태를 분명하게 알 수 있다.

다음 박스 안에 있는 단어를 손으로 대충 그려보자. 추상과 구상의 차이를 분명하게 알 수 있을 것이다.

꽃, 컵, 사과

영원한, 성실한, 기쁜

······················ **Concrete** ······················

머릿속을 떠나가는 말 vs. 머릿속에 박히는 말

암소와 호랑이가 서로 사랑에 빠졌다.
암소는 푸른 풀을 뜯다가 호랑이를 생각했고,
호랑이는 싱싱한 고기를 먹다가 암소를 생각했다.
그래서 서로에게 아껴두었던 자신의 식량들을 모두 주었다.
하지만 결국 그들은 헤어졌다.
그들은 헤어질 때 이렇게 말했다.
"나는 최선을 다했어."

나의 '귀엽다'와 너의 '귀엽다'가 다른 이유

소개팅을 앞두고 두근두근거리는 마음에 주선자에게 묻는다.

> A: "긴장돼 죽겠어. 이번에 소개팅할 그 친구 어때?"
> B: "말도 마! 진짜 귀엽게 생겼어!"

그래서 가끔 낭패가 발생한다. 여자의 '귀엽다'와 남자의 '귀엽다'
에는 왠지 모를 다름이 존재하기 때문이다. 물론 남자들이 말하는
'남자답게 생겼다'와 여자들이 느끼는 '현실적 생김새'에도 이 같은

- 남자답게 생겼다 = 턱에 각이 짐.
- 듬직하게 생겼다 = 뚱뚱함.
- 잘생겼다 = 쌍꺼풀이 엄청 진하고 느끼하게 생김.
- 기생오라비같이 생겼다 = 엄청 잘생김.

간극이 발생한다.

'잘생겼다, 예쁘다, 아름답다' 등의 추상적 표현은 그 기준점이 모호하기에 메시지 전달에 일정 부분 한계를 갖는다. 마찬가지로 "내 애인 완전 예뻐/멋져(추상적 표현)"보다 "내 애인은 배우 정해인/손예진 닮았어(구상적 표현)"가 좀더 분명하게 뇌에 꽂히는 것처럼 말이다. 머릿속에 분명한 그림이 그려지느냐, 그렇지 않느냐가 바로 추상과 구상의 차이다.

"내일 파티에 예쁘게 입고와." vs. "내일 파티의 드레스 코드는 화이트톤 원피스야."

구상적 표현은 일정한 모습을 갖추고 있어 그 형태를 분명하게 알 수 있다. 그래서 행동을 구체적이고 관찰가능한 용도로 기술할 때 사용한다. 또한 구상적 표현은 추상적 표현에서 담지 못하는 생각이나 행동발생의 간극을 줄여준다. 때문에 어떤 메시지를 전달할 때는 상대방이 내 말을 머릿속에 떠올릴 수 있는가 없는가를 항상 염두에 두어야 한다. 가장 훌륭한 말의 전달법은 쉽고 분명한 표현이기 때문이다.

> "오빠, 나 사랑해?"
> "응. 사랑하지."
> "그럼 증명해봐."
> "???"

'사랑'은 추상적 표현이다. 말로는 입증이(?) 잘 안 된다. 그래서 측정 가능한 방식으로 증명을 요구하기도 한다. 가령 A는 "사랑한다"는 말 한마디에도 사랑을 받는다고 느낄 수 있지만, 반대로 B는 사랑받는 행위가 구체적이고 가시적이어야만 사랑받는다고 느낄 수 있다.

예를 들면 함께 있는 시간이 많아야 된다거나("나는 우리 오빠랑 매일 만나. 그만큼 사랑한다는 이야기지."), 연락의 빈도수가 잦아야 된다거나("나는 우리 아기랑 하루에 30분도 넘게 통화해. 그만큼 사랑한다는 이야기지."), 서로 주고받는 선물의 크기로 사랑을 증명해보이기도 한다("나 이번에 남편에게 에르메스 가방을 선물로 받았잖아. 사랑받는다면 이 정도 선물은 받아야지."). 그래서 이러한 정도의 크기가 작아지거나 줄어들면 사랑이 식었다고 푸념하는 상황이 발생하기도 하지만 말이다.

지금 당장 살을 빼게 하려면?

"신진대사가 원활해야 날씬한 몸매를 만들 수 있습니다."

"지금 TV를 보고 계신 분의 10명 중 7명은 지금 이 순간 살이 찌는 체질로 변하고 있습니다. 하루에 10잔 이상의 물을 꼭 마셔야 김사랑 같은 날씬한 몸매를 만들 수 있습니다."

'신진대사' '원활해야' '날씬한 몸매' 등의 표현보다 'TV를 보고' 있는 '10명 중 7명'은 '하루 10잔의 물' '김사랑' 등의 표현들이 뇌에 더 확실한 자극을 준다. 머릿속에 분명한 그림이 그려지기 때문이다.

비슷한 맥락으로 머릿속에 있는 생각을 행동으로 쉽게 이어지게 만들려면 실천 가능한 구상적 표현으로 전달해주는 것이 좋다.

"창의적 습관을 기르셔야 합니다." (어디서부터 어떻게 시작해야 할지 막막하다.)

"다이소에 가면 2천 원짜리 작은 노트 하나가 있어요. 저는 하루에 1페이지씩 떠오르는 생각과 아이디어를 그림과 함께 적어놓습니다. 이러한 습관이 창의적 사고에 많은 도움이 되었어요." (지금 당장 노트를 구매하러 간다.)

제품을 장바구니 속에 넣을까 말까를 결정짓는 순간에도 구상적 표현은 소비 동기를 촉진시킨다. 요리를 만드는 과정의 모습을 머릿

▲ 추상적 표현 vs. 구상적 표현

추상적 표현	구상적 표현
행복하려면 매사에 감사하다는 마음을 갖는 게 좋습니다.	저는 요즘 행복에 대해서 많이 생각하게 되는데요, 그러면서 드는 생각 중 하나는 행복을 바라볼 때 그 크기의 '정도'보다는 얼마만큼 자주 그것을 느낄 수 있는지 그 '빈도'에 초점을 두는 것이 더 중요하다는 생각이 들더라고요. 그 예로 무라카미 하루키의 수필집에 등장하는 소확행을 소개하고 싶은데요, 갓 구운 빵을 손으로 찢어먹는 것, 새로 산 하얀 셔츠를 입는 것 등 누구나 경험할 수 있는 일상에서 느끼는 작은 행복감을 이르는 말입니다.
'인지'란 주의 집중, 기억, 예상하기, 계획하기, 아이디어의 전달 등과 분류나 해석 같은 정신적 표상과 관련된 처리 과정이 포함됩니다. 이를 인지심리학이라고 합니다.	인지가 사람의 생각이잖아요. 인지심리학은 쉽게 말해 사람의 생각인 인지를 '볼트, 너트 해체해서 분해'하는 심리학입니다.

속에 떠올리며 제품을 구매하기 때문이다. 특히 제품명이 제품 특성과 어울리는 구상적 표현을 서술적 정보로 가지고 있을 때 소비자의 뇌에 더욱 강력한 기억으로 남는다.

- 액젓 vs. 100% 자연재료 서해안 까나리 액젓.
- 밀가루 vs. 겉은 바삭하고 속은 쫄깃한 부침가루.
- 김 vs. 좋은 원초에 들기름 향이 그윽한 들기름 김.

Key point

답이 2가지 있을 때는
단순한 것이 정답

간략하게 정리할 시간이 없어
편지를 이렇게 길게 쓰고 말았습니다.

Simple is Best

요즘 사람들은 자신을 장애에 빗대어 표현한다. 바로 '선택장애'
다. 점심메뉴를 고를 때도, 쇼핑할 때에도 선택지가 너무 많아 정신
적 멀미를 일으키곤 한다. 그래서인지 베스트셀러나 신간보다는 추
천을 받은 책으로만 전시하는 큐레이션^{curation} 콘셉트의 책방이 등장
하고, 소수의 아이템들만 파는 편집숍이 유행하기도 한다.

그만큼 이것저것 쉽게 고르지 못하고 주저되는 상황이 많다는 이
야기이다. 사도 사도 끝이 없고, 뭘 쥐고 있어도 만족하지 못했던 답
없던 쇼핑중독의 시기가 내게도 있었다. 그리고 그 수렁에서 나를 꺼

내준 도미니크 로로의 저서 『심플하게 산다(바다출판사, 2014)』의 한 구절을 오랜 시간 마음에 지니며 살고 있다.

> "물건은 많이 가지는 것이 중요한 게 아니라 좋은 것을 가져야 한다. 적게 소유하되 제일 좋은 것을 소유하자. 주머니가 가벼울 때는 이것저것 다 좋아 보이지만 주머니가 두둑해지면 좋은 것만 눈에 들어오기 마련이다. 많이 가지는 것이 아니라 좋은 것을 가져야 한다."

이 신념은 발표 상황에서도 유효하게 적용되었다. 예전에는 발표를 준비할 때 잘해보고자 하는 욕심에 좋은 자료나 정보가 있으면 바쁘게 모으고 뭐든지 다 보여주려 했다. 준비한 시간과 공을 보여주기 위한 욕심이었는지는 모르나 많은 내용을 말하려다 보니 좀처럼 여유를 갖기 힘들었다.

그러다 듣는 이의 입장을 여러 번 경험하고 나서 비로소 깨달았다. 소방호스로 물을 받아먹어서는 안 되는 것처럼 너무 많은 정보는 오히려 역효과를 낸다는 것을.

무엇이든 단순하고 심플해야 좋다. 쥐고 있는 게 버거울 때는 과감히 내려놓는 용기도 필요하다. 같은 문제에 2가지 답이 있다면 단순한 것이 정답일 확률이 높다는 오컴의 면도날Occam's Razor 이론은 교육에서 늘 유용하게 사용된다. 그래서 어려운 개념을 단순화할 수 있는 사람이 더 높은 평가를 받기도 한다.

많은 양의 정보는 인풋은 물론이고 아웃풋도 어렵게 만든다. 기억의 효용을 좋게 하기 위해서는 필요한 정보만 담아 제대로 기억해낼 수 있어야 한다.

'우리 뇌가 무엇을 보고 싶어하는가?' 이 질문에 대한 답은 분명하다. '빽빽한 글씨만 가득한 자료인가 vs. 임팩트 있는 글과 그림이 담긴 자료인가?' 필요 없는 잔가지들을 쳐내면 길이 보이기 시작하듯, 불필요한 내용을 과감히 삭제할 때 내용의 핵심이 보이기 마련이다.

가지치기를 하면 본질이 보인다

내용이 많아지면 전체를 이해하기보다 개별 정보의 늪에 빠져 혼란스러워질 때가 있다. 터널시각tunnel vision이 발생하는 것이다. 내용이 많을 때는 핵심의미Significant를 중심으로 정보를 단순화Simple하고 이를 구조화해 생각의 골격을 세워본다.

구조화는 1차적으로 숲 전체를 볼 수 있게 한다. 나아가 2차적으로는 각각의 나무를 잘 정렬하고 구분할 수 있게 해준다.

모든 지식은 나 자신의 관점point of view을 바탕으로 구조화되기 때문에 동일한 정보가 주어져도 나는 A의 방식으로, 상대방은 B의 방식으로 구조화하게 된다. 그래서 자신이 가진 경험과 연결망에 따라 다른 결과물이 나오기 마련이다.

▲ Significant: 핵심의미를 파악하기

- 옴니채널Omni-channel: 소비자가 온라인, 오프라인, 모바일 등 다양한 경로를 넘나들며 상품을 검색하고 구매할 수 있도록 한 서비스다. 옴니채널이 트렌드가 된 이유는 다양한 채널을 넘나들며 쇼핑을 즐기는 크로스 쇼퍼들의 등장으로, 대표적으로 쇼루밍족·역쇼루밍족·모루밍족이 있다.
- 쇼루밍족: 오프라인에서 지켜보고 온라인에서 최저가 구매하는 사람들.
- 역쇼루밍족: 온라인에서 평판 보고 오프라인에서 구매하는 사람들.
- 모루밍족: 제품을 온라인에서 살펴본 뒤 모바일에서 쇼핑하는 사람들.

▲ Simple: 필요한 최소한의 정보만 남기기

옴니채널

- 온라인·오프라인·모바일로 상품 검색 및 구매서비스.
- 다양한 채널을 넘나드는 크로스쇼퍼 등장으로 발생.
- 쇼루밍족·역쇼루밍족·모루밍족.

▲ Structure: 시각으로 구조화하기

특히 뇌는 자신이 받아들인 정보를 조직화하려는 특성을 갖고 있어 주의를 기울여서 정보를 보는 순간에 스스로 내적조직화^{internal} organization가 일어나게 된다. 또한 구조화된 틀에서 세부내용으로 가지를 뻗어나가는 과정에서 이전에 학습했던 생각을 다시 떠올려볼 수 있어 기억에도 효율적이다.

[실습] 구조화

눈 건강을 지키는 생활수칙은 다음과 같다. 먼저 과음과 담배를 멀리하는 것이 중요하다. 흡연은 백내장이나 녹내장 등 주요 안과 질환의 원인으로 지목된다. 특히 담배에는 타르, 니코틴, 일산화탄소 등이 포함되어 있어 눈의 피로도를 높이고 노화를 촉진해 각종 안질환을 유발시킬 수 있다.

금주 역시 필요하다. 술을 마신 후 몸에서 생기는 활성산소는 눈의 노화를 촉진시킨다. 평소 눈 건강을 잘 지키려면 비타민 씨(C) 등이 많이 든 항산화 식품을 챙겨 먹는 것이 좋다. 생활 속에서 여러 요인에 의해 생기는 활성산소는 눈 조직의 노화를 가속화하기 때문이다. 활성산소를 제거하는 대표적인 항산화 식품은 다음과 같다. 대표적으로 레몬, 키위, 브로콜리, 시금치, 검은콩, 블루베리 등이 있다. 눈의 피로가 누적되면 시력 저하 등 안과 질환의 원인이 될 수 있으므로 하루 10분씩 눈 주위를 마사지해주는 것도 눈의 피로를 푸는 좋은 방법이다. 또한 평소 따뜻한 수건으로 온찜질을 해주는 것도 눈 피로회복에 도움이 된다.

Significant:
핵심의미를 파악한다.

Simple:
최소한의 정보만 남긴다.

Structure:
시각으로 구조화한다.

기억이 견고해지는 아웃풋 훈련

정말 어렵게 취득한 한자 1급 자격증이 있다. 그때 했던 공부의 흔적이 딱딱한 굳은살이 되어 오른쪽 손가락에 아직까지 남아있다. 하지만 부끄럽게도 지금은 어려운 한자를 거의 읽지 못한다. 시험이 끝남과 동시에 빛의 속도로 잊어버렸다. 말 그대로 목불식정目不識丁이 되어버린 것이다.

비단 한자뿐 아니라 다른 종류의 지식들도 이 같은 경우가 비일비재하다. 그러다 보니 한동안 내 지적능력을 심각하게 고민하고 의심할 때가 있었다.

사실 주위를 둘러보면 머릿속에 있는 지식을 꺼내 설명할 수 있느냐 그렇지 않느냐에 따라 어떤 사람은 전문가expert가 되고, 어떤 사람은 비전문가amateur에 머물러 있기도 한다. 사람들 입에 자주 오르내리는 정치·경제 이야기도 평소 생각에는 분명 그 분야에 대해 '안다'라고 자신해왔음에도 막상 이런 내용을 꺼내어 설명하려고 하면 처음 주장했던 강한 어조와는 달리 끝이 흐려지거나 입조차 제대로 떼지 못하는 경우를 많이 보게 된다.

인출할 수 없는 지식은 인출할 수 없는 통장의 돈과 마찬가지가 아니겠는가? 적어도 자기 영역에서 기회를 찬스로 만들려면 '말할 수 있는 전문가'가 되어야 한다. 머릿속으로 아는 지식과 이를 밖으로 꺼내 표현할 수 있는 지식은 분명 다른 영역이기 때문이다.

184

미국 퍼듀대학교 제프리 카피크^{Jeddrey Karpicke} 박사팀의 연구에 따르면 뇌는 정보를 몇 번이나 집어넣었는지 보다 그 정보를 몇 번이나 사용했는지에 따라 기억의 지속성이 결정된다고 한다. 즉 정보를 저장하는 인풋도 중요하지만 기억을 꺼내 쓰는 아웃풋도 못지않게 중요하다는 이야기다.

가령 발표를 준비할 때도 그냥 눈으로만 보고 연습을 마치는 것과 실제 입으로 직접 말해보면서 연습한 결과물은 질적으로 다를 수밖에 없다. 학습한 내용을 아웃풋해보는 것은 이해 여부를 분명히 알 수 있는 가장 효과적인 방법 중 하나다. 이와 같은 이유로 말할 내용을 구조화해 정리해보거나 내용을 직접 써서 그려보는 연습 등을 하게 되면 기억의 지속시간을 늘릴 수 있다.

어떤 정보를 기억하고 있다는 확신은 있지만 그 정보가 정확히 떠오르지 않을 때가 있다. 분명 알고 있는 답인데도 혀끝에서만 답이 맴돈다거나, 오랜만에 만난 지인이 너무 반갑기는 한데 그 사람 이름이 끝내 떠오르지 않는 경우 등이 그렇다. 인출 실패의 하나인 '설단현상^{tip of the tongue phenomenon}(어떤 단어를 알고 있지만 그 순간에 기억나지 않는 경우)'은 누군가가 첫 글자를 언급해주거나 힌트를 주면 기억해낼 수 있는 확률이 높아진다.

특히 어떤 기억을 저장할 때와 꺼낼 때의 물리적 환경이나 단서 등이 동일하거나 유사하면 더 쉽게 회상되는 부호화특수성원리^{encoding specificity principle}를 기억에 적용하면 좋다. 한 예로 '이미지^{image} + 인출

단서$^{retrieval\ cues}$'를 함께 저장해 기억해두면 기억을 아웃풋할 때 이미지와 함께 저장된 인출단서의 연결고리가 다른 모든 마디로 자연스럽게 확산되면서 기억 인출이 빨라지게 된다.

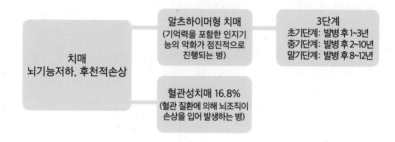

1. 먼저 이미지가 인출된다.

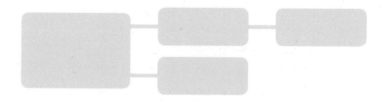

2. 이미지와 함께 저장된 각 항목의 대표 단어가 인출된다.

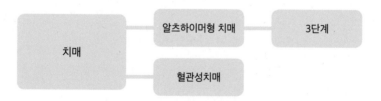

3. 항목 안에 세부내용이 활성화되어 인출된다.

치매
뇌기능저하, 후천적손상

알츠하이머형 치매
(기억력을 포함한 인지기
능의 악화가 점진적으로
진행되는 병)

3단계
초기단계: 발병 후 1~3년
중기단계: 발병 후 2~10년
말기단계: 발병 후 8~12년

혈관성치매 16.8%
(혈관 질환에 의해 뇌조직이
손상을 입어 발생하는 병)

마인드맵

1942년 영국의 심리학자 토니부잔 tony buzan에 의해 창시된 마인드맵은 머릿속에 있는 생각을 정리할 때 사용하는 방법으로 '생각하는 능력'을 키워준다. 한 장의 종이 위에 머릿속에 순간적으로 떠오르는 생각이나 아이디어, 경험 등을 방사선 모양으로 뻗어 정리할 수 있으며, 이미지와 키워드 및 연결선을 사용해 생각을 회상하고 표현하는 데 도움을 준다. 이 과정에서 생각의 점화 효과가 일어나는데, 기억에 저장된 배경지식을 끄집어내고 이를 연결고리로 또 다른 발상의 기회를 만들게 한다. 구조화는 생각이나 말의 내용을 정리할 때 용이하고, 마인드맵은 생각을 발상할 때 사용하기에 용이하다.

첫눈에 반했다면
첫눈에 반은 한 셈이다

이론으로 인간을 설득할 수 있다.
그러나 이론을 상대방이 정확히 이해한 후에라도
어딘지 속은 것 같은 느낌을 받게 된다.
이때 그 이론을 이미지로 보여주면 상대방은
비로소 그 이론을 완전히 믿게 된다.

아이가 나비를 기억하는 방법

나비그림이나 실제 나비를 보여주면서 말한다. "이게 나비란다."

나비는 머리에 한 쌍의 더듬이와 두 개의 겹눈이 있고, 가슴에 큰 잎 모양의 두 쌍의 날개가 있단다.

5살 아이는 어떤 설명을 더 쉽고 분명하게 기억할까? 나비 그림이

나 실제 나비를 보여준 설명을 더 쉽고 분명하게 기억할 것이다.

하나의 기억 부호보다 2개의 기억 부호를 가졌을 때 정보가 조금 더 우월하게 재생되는 효과를 '이중부호화이론dual-coding theory'이라 한다. 정보의 일부는 시각적 형태로, 나머지는 언어적 형태로 제시하면 2개 중 하나의 정보만 제시했을 때보다 더 많은 양의 정보를 처리할 수 있게 되는 현상이다.

수많은 말보다 이미지가 정확하게 오래 기억되는 이유는 색상·형태, 상상력 같은 뇌의 방대한 능력을 사용하기 때문이다. 그래서 정

▲ **우월성효과**

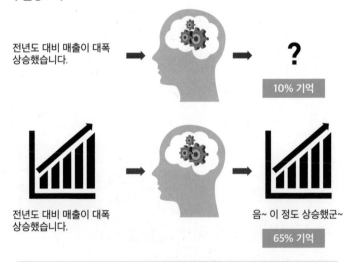

전년도 대비 매출이 대폭 상승했습니다.

?

10% 기억

전년도 대비 매출이 대폭 상승했습니다.

음~ 이 정도 상승했군~

65% 기억

이미지와 함께했을때 우리 뇌에 강렬하게 기억된다.

보가 시각적일수록 그것을 인식하고 기억할 가능성은 더 커지게 되는 것이다.

우월성효과 Pictorial Superiority Effect에 따르면 정보를 말로 전달한 다음 72시간 뒤에 시험해보면 사람들은 10% 정도를 기억하지만, 그림을 더하면 65%를 기억한다고 한다. 실제로 우리가 중요한 의사결정 시 PPT를 사용하는 이유도 다른 어떤 도구보다 훨씬 더 분명하고 직관적인 흐름을 보여주기 때문이다.

때문에 시각적 자극을 달리하는 것만으로도 인지가 되고, 기억유지 시간에 도움을 준다. 캘리포니아 주립대학 폴 마틴 레스터 Paul Martin Lester 교수의 'Syntactic Theory Visual Communication' 연구에서도 사람들은 들은 것은 10%, 읽은 것의 20%를 기억하지만 시각과 청각을 같이 더하면 80%를 기억한다고 주장한다. 그만큼 사람들은 다른 감각에 비해 시각을 훨씬 더 자주 사용한다는 것을 알 수 있다.

그려보면 알게 된다

컴퓨터 앞에서 끊임없이 무언가를 두드리고, 생각나지 않는 아이디어를 짜내려면 머리가 지끈거린다. 문제는 그렇게 몇 시간을 붙잡고 있어도 손에 쥐어지는 결과물이 없을 때 드는 답답한 기분이다.

정신적 리프레쉬가 필요할 때, 나는 하던 일을 멈추고 집안일을 한다. 설거지도 하고, 빨래도 개고, 책도 정리한다. 이렇게 깨끗해진 집을 보면 몸은 힘들지만 마음만큼은 개운하다.

결과물Outcome이 내 눈에 보이지 않으면, 내가 잘하고 있는 것인지를 자꾸 의심하게 된다. 눈앞에 진행 상황이 보여야 그래도 '뭔가를 하고 있구나.' 하고 안도하게 된다.

발표 준비를 할 때에도 마찬가지다. 정보가 머릿속에서 어지럽게 뒤엉켜 좀처럼 이해되지 않는 막막한 지점들이 있다. 이럴 때 나는 정보를 시각화한다. 즉 정보를 한눈에 볼 수 있게 종이 한 장에 요약하는 연습을 해보는 것이다. 머릿속에만 머물러있던 생각들이 눈앞에 결과물로 바로 보여지기 때문이다.

옛말에 "손은 바깥으로 드러난 또 다른 뇌"라는 말이 있다. 머릿속 생각은 떠올랐다가도 금세 사라지지만, 내 손을 거쳐 표현해둔 생각은 오래 두고 기억에 남기 마련이다. 도해 말하기 훈련의 3단계 과정은 다음과 같다.

▲ **도해(정보의 시각화) 말하기 훈련**

1. 정보를 정리한다.

2. 글과 그림으로 시각화한다.

3. 말로 전달해본다.

도해는 방대한 정보에서 꼭 필요한 정보만 정리해 대표성을 보여주는 그림으로, 말로 전달해보는 것이다.

프레임을 사용해도 좋고, 간단한 그림으로 표현해도 좋다. 머릿속 생각을 정리하고 싶거나 빼곡히 적힌 텍스트에서 핵심만 꺼내 보고 싶을 때 유용하게 쓰일 수 있는 생각정리 툴이다. 한 번에 완벽하게 표현되는 생각은 없으며, 쓰고 지우고를 반복하다 보면 어느새 전체 관계가 명확해지는 것을 확인할 수 있다. 쉽고 간결하게, 그리고 전체 구조가 한눈에 보이도록 표현해주는 것이 좋다. 특히 시각화한 정보를 다시 말로 설명해보는 과정은 기억을 더욱 또렷하게 만든다.

쇼루밍Showrooming족은 오프라인 매장에서 상품을 구경한 후 실제 구매는 온라인에서 하는 쇼핑형태를 이르는 말이다. 온라인 쇼핑의

▲ **도해 관련 예시**

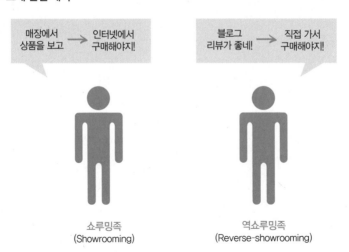

쇼루밍족
(Showrooming)

역쇼루밍족
(Reverse-showrooming)

편리함과 스마트폰을 이용한 가격 비교가 용이해졌기 때문이다. 이와 반대 개념인 역쇼루밍Reverse-Showrooming족도 있다. 온라인에서 제품을 검색한 뒤 오프라인 매장에서 실구매를 하는 소비 형태를 뜻한다. 주로 고가 제품이나 화장품 등에서 제품 성능을 실제로 확인하거나 세부적인 사항을 비교하기 위해 많이 이뤄진다.

Summary Speech

다음의 내용을 요약한 후 도해로 정리하고 말로 표현해본다.

도해 말하기 훈련

1. 핵심내용을 요약한다.
2. 키워드와 그림으로 표현해본다.
3. 키워드와 그림으로 표현한 것을 말로 표현해본다.

....

초록빛 새싹이라는 의미의 그린슈트는 각종 경제지표에서 회복 조짐을 보이는 징후를 뜻하는 용어이다. 벤 버냉키 미 연방준비제도이사회 의장이 "최악의 경기침체는 올해 말에 끝날 것으로 보인다"라고 말하면서 처음 공식 사용되었다. 경제 회복의 조짐이 보이는 '그린슈트' 이후에는 크게 '옐로 위즈'와 '골든볼', 이 두 가지의 갈림길이 있다. 먼저 그린슈트와 반대 개념으로 옐로위즈가 있다. '옐로 위즈'는 시들고 노란 잡초라는 뜻으로 경기 회복세를 이어나가지 못하고 중간에 침체되어 버리는 것을 뜻한다. 반대로 '골든볼'은 '그린슈트'의 흐름이 이어져 본격적인 성숙 국면에 진입하는 것을 의미한다.

1. 핵심내용을 요약한다.
2. 키워드와 그림으로 표현해본다.
3. 키워드와 그림으로 표현한 것을 말로 표현해본다.

골디락스는 영국동화에 유래한 경제용어로 세 마리 곰이 각각 차려놓은 뜨거운 수프, 차가운 수프, 매우 뜨겁지도 차갑지도 않은 수프 중 마지막 수프가 가장 먹기 좋아 선택했다는 내용에서 유래한다. 이를 경제상태에 비유해 뜨겁지도 차갑지도 않은 호황을 의미한다. 이와 비슷한 맥락으로 가격이 비싼 상품과 싼 상품, 중간 가격의 상품을 함께 진열해 중간 가격의 상품을 선택하게 유도하는 판매기법을 '골디락스 가격'이라고 한다.

1. 핵심내용을 요약한다.
2. 키워드와 그림으로 표현해본다.
3. 키워드와 그림으로 표현한 것을 말로 표현해본다.

'스놉효과'란 어떤 제품에 대한 소비가 증가하게 되면 오히려 그 제품의 수요가 줄어드는 현상을 뜻하는 말이다. 1950년 미국의 경제학자 리벤슈타인이 처음 제시한 이론으로 일반적으로 소비자들은 다수의 소비자들이 구매하지 않는 제품을 더 선호하게 된다. 이는 대중과 차별화되고 싶은 부자들의 욕망이 반영된 것으로 대중들과 다르게 자기만의 개성을 추구하는 경향을 보여준다.

1. 핵심내용을 요약한다.
2. 키워드와 그림으로 표현해본다.
3. 키워드와 그림으로 표현한 것을 말로 표현해본다.

앵커는 반복된 경험에서 만들어진다. 라임을 한 번도 먹어본 적이 없는 사람은 라임을 봐도 아무런 감정도 느끼지 않는다. 하지만 반복해서 라임을 먹어보게 되면 라임 자체를 보는 것만으로도 새콤한 것을 먹은 듯 얼굴이 찡그려진다. 이와 비슷한 예로 기합이 들어간 상태에서 화이팅 자세를 반복하면 나중에 화이팅 자세만 해도 기합이 들어간 상태가 된다.

또 하나 '파블로프의 개'란 유명한 실험 하나가 있다. 벨을 울리고 나서 개에게 먹이를 주는 행동을 반복했더니 벨을 울리기만 해도 개는 침을 흘렸다. 반복적인 경험에 의해 앵커가 만들어진 것이다.

---

1. 핵심내용을 요약한다.
2. 키워드와 그림으로 표현해본다.
3. 키워드와 그림으로 표현한 것을 말로 표현해본다.

'관여도 Involvement'란 소비자의 구매행동에서 관찰되는 관심의 정도를 나타내는 말이다. 일반적으로 부동산, 자동차, 냉장고 등의 고가상품은 소비자의 관여도가 높다. 그만큼 신중하게 구매한다는 뜻이다. 기업은 관여도가 큰 상품을 판매할 때 상품의 강점을 바탕으로 높은 신뢰도를 유지하는 것이 필요하다. 반면 껌, 우유, 과자 등의 경우는 일상적으로 자주 구매하는 상품이기 때문에 소비자의 관여도가 상대적으로 낮다. 따라서 소비자가 복잡한 생각을 하지 않고 자연스럽게 상품을 선택할 수 있게 하는 것이 판매의 관건이다.

Searching Speech

다음의 주제에 대한 관련 내용을 검색해 요약한 후 도해로 정리하고 말로 표현해본다.

프랜대디

....

도해 말하기 훈련

1. 주제와 관련된 자료검색: 정의, 배경, 관련 예 등 요약정리
2. 키워드와 그림으로 표현해본다.
3. 키워드와 그림으로 표현한 것을 말로 표현해본다.

런치투어족

....

도해 말하기 훈련

1. 주제와 관련된 자료검색: 정의, 배경, 관련 예 등 요약정리
2. 키워드와 그림으로 표현해본다.
3. 키워드와 그림으로 표현한 것을 말로 표현해본다.

배불런효과

도해 말하기 훈련

1. 주제와 관련된 자료검색: 정의, 배경, 관련 예 등 요약정리
2. 키워드와 그림으로 표현해본다.
3. 키워드와 그림으로 표현한 것을 말로 표현해본다.

로스리더마케팅

도해 말하기 훈련

1. 주제와 관련된 자료검색: 정의, 배경, 관련 예 등 요약정리
2. 키워드와 그림으로 표현해본다.
3. 키워드와 그림으로 표현한 것을 말로 표현해본다.

팝콘브레인

도해 말하기 훈련

1. 주제와 관련된 자료검색: 정의, 배경, 관련 예 등 요약정리
2. 키워드와 그림으로 표현해본다.
3. 키워드와 그림으로 표현한 것을 말로 표현해본다.

디지털디톡스

....

도해 말하기 훈련

1. 주제와 관련된 자료검색: 정의, 배경, 관련 예 등 요약정리
2. 키워드와 그림으로 표현해본다.
3. 키워드와 그림으로 표현한 것을 말로 표현해본다.

Frame

5분 안에 말의 골격을
세우는 방법

프레임 안에서는
누구나 논리적인 전달자가 될 수 있다.

설명형 스피치 프레임

　준비가 부족할수록 말이 길어지기 마련이다. 전달의 핵심은 '많은 말'이 아닌 '필요한 말'이다. 군더더기를 걷어내고 논리에 기반해 말을 전달하고 싶을 때 관련정보와 생각을 프레임틀 안에서 정리해볼 수 있다. 심플한 말의 정리법이 필요할 때 유용하게 사용할 수 있는 3가지 말하기 프레임을 소개한다.

　설명형 스피치 프레임은 설명이나 정보전달에서 사용할 수 있는 말하기 프레임이다. 주제에 대한 정의What를 시작으로, 등장배경이나 이유Why를 설명한다. 사례How로 이해를 돕고, 결론 또는 견해View를 밝히며 마무리한다. 단, 이야기의 흐름에 따라 각 항목의 순서는 바 꿀 수 있다.

▲ 설명형 스피치 프레임

1. 오늘 이야기의 주제는 (What)입니다. (   )란

2. 등장하게 된 배경/이유(Why)로는

3. 이와 관련된 예(How)로

4. 이에 대한 저의 견해(View)는

설득형 스피치 프레임

설득형 스피치 프레임은 아이디어를 제안하거나 설득할 때 사용

할 수 있는 프레임이다. 상대방의 문제/기회^{Matter/Opportunity}를 인지시키고, 그에 따른 해결책/목표^{Solution/Goal}를 제안한다. 구체적 아이디어^{How}를 제시하고 기대효과^{Effect}를 보여주며 선택을 제안한다. 단, 이야기의 흐름에 따라 각 항목의 순서는 바뀔 수 있다.

▲ 설득형 스피치 프레임

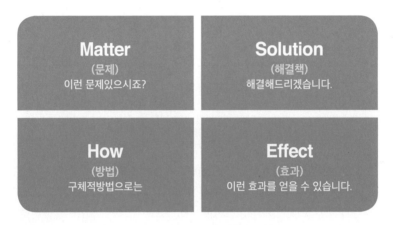

1. (Matter/Opportunity)를 파악한 내용을 제안드리고자 합니다.

2. (Solution/Goal)은 다음과 같습니다.

3. (How) 다음과 같습니다.

4. (Effect) 다음과 같습니다. ~해보는 건 어떠세요?

설득형의 예: 영어교육업체 시원스쿨 CF 광고

너 이런 문제 있지? 해결해줄까? 어떻게? 이런 효과가 있어!

Matter: 영어 왕왕초보라도….
Solution: 시원스쿨을 만나면 영어 진짜 잘할 수 있어!
How: please go get me some coffee. (영어학습노하우)
Effect: 두 달이면 영어말문이 트이는데, 너도 해보는 거 어때?

설득형의 예: Jtbc 〈냉장고를 부탁해〉

너 이런 문제 있지? 해결해줄까? 어떻게? 이런 효과가 있어!

Matter: 냉장고에 있는 골치 덩어리 재료들을….
Solution: 쉐프가 맛있는 요리로 만들어준다.
How: 15분 안에 끝낼 수 있는 레시피.
Effect: 당신도 이렇게 맛있는 음식을 만들 수 있어.

설명+설득형 스피치 프레임

설명+설득형 스피치 프레임은 정보전달과 동시에 사회문제 해결을 위한 청유형 말하기 프레임이다. 현 상황의 문제Matter를 파악하고 구체적 사례^{How}를 통해 상황을 인지시킨다. 이상적 해결책^{Solution}을 찾아 제안하고 이를 함께 해결해나가기를 청유하는 방식^{Let's}이다. 단, 이야기의 흐름에 따라 각 항목의 순서는 바뀔 수 있다.

▲ 설명+설득형 스피치 프레임

Matter (문제) 이런 문제있으시죠?	**How** (사례) …구체적사례. 근거를 통해 상황을 파악하실 수 있습니다.
Solution (해결책) 이 문제를 해결하려면~	**Let's** (제안) …해보는 건 어떠세요?

1. 현재 우리 사회는 이러한 (Matter)를 안고 있습니다.

2. (How)은 다음과 같이 확인할 수 있습니다.

3. (Solution) 문제의 해결책은 다음과 같습니다.

4. (Let's) 함께 노력해보는 건 어떨까요?

소리 내어 말해보기

말하기 실력을 향상하기 위해서는 'Reader'가 아닌 'Speaker'가 되어야 한다. 글을 수동적으로 읽는 것에 그치기보단, 자신의 언어로 표현해보는 '능동성'이 중요하다. 말의 흐름에 맞게 접속사, 연결어, 종결어미 등을 수정해보며 실제 소리 내어 말하듯^{speech aloud} 연습해 보자.

Text	Script
쿠바와 한국과의 주요이슈	이번 시간은 쿠바와 한국과의 주요이슈에 대해 몇 가지 정리해보도록 하겠습니다.
1. 정치	먼저 정치입니다.
• 쿠바와 우리나라는 미수교 상태.	현재 쿠바와 우리나라는 미수교 상태인데요, 1949년 7월 쿠바는 대한민국 정부를 승인한 바 있으나 1959년 쿠바 혁명 이후 우리나라와의 교류를 단절했습니다.
• 1949년 7월 쿠바는 대한민국 정부를 승인한 바 있으나 1959년 쿠바 혁명 이후 우리나라와의 교류를 단절함.	
• 쿠바와 북한은 공산주의 이념 동지로서 정치적으로 밀접한 관계를 유지(2010년 천안함 사태 등과 관련해 북한 지지).	한편 쿠바와 북한은 공산주의 이념 동지로서 정치적으로 밀접한 관계를 유지하고 있으며, 특히 2010년 천안함 사태 등과 관련해 북한을 지지하는 등 정치적으로 매우 밀접한 관계를 유지하고 있습니다.

2. 경제

- 쿠바와 우리나라는 미수교 상태 (쿠바는 우리나라를 중요한 경제협력 파트너로 인식). 삼성, LG의 경우 쿠바 가전 및 이동통신 시장에서 가장 우수한 제품으로 평가받음. 현대자동차의 경우도 엑센트와 소나타를 중심으로 연간 3천여 대 이상의 판매고를 기록.
- 2011년: 중국과 베트남에 이어 아시아 국가 중 세 번째로 쿠바와 많은 교역을 한 나라.

출처: kotra 국가정보 쿠바(2013년 9월 30일), '쿠바와 한국과의 주요이슈'

다음은 경제입니다.

양국 간은 정치적으로는 미수교 상태이나 쿠바는 우리나라를 중요한 경제협력 파트너로 인식하고 있습니다. 특히 삼성, LG의 경우 쿠바 가전 및 이동통신 시장에서 가장 우수한 제품으로 평가받고 있으며, 현대자동차의 경우도 엑센트와 소나타를 중심으로 연간 3천여 대 이상의 판매고를 기록하는 등 시장을 선도하고 있는데요.

아울러 2011년 중국과 베트남에 이어 아시아 국가 중 세 번째로 쿠바와 많은 교역을 한 나라가 되었습니다.

Speech Check Point

- 글꼴·크기·굵기·문단 모양·줄 여백 등이 가독성 있게 자료준비가 되었는가?
- 소리 내어 읽었을 때 말의 흐름이 부자연스러운 곳은 없는가?
- 문장의 길이가 길어 호흡이 끊기지 않는가?
- 띄어 읽기, 의미 구분이 바르게 되어 있는가?
- 이해하기 어려운 용어를 사용하고 있지 않은가?
- 발표 시간을 적절하게 준수하고 있는가?

문어체를 구어로 바꾸는 연습

퍼블릭스피치^{public speech}에서는 어투에 적절한 예의와 형식을 갖추는 것이 필요하다. 하지만 지나치게 딱딱한 어투와 어조는 자칫 거리감이 느껴지게 할 수도 있다. 따라서 적절한 구어(일상생활에서 사용하는 말투) 사용으로 말하는 듯한 편한 인상을 상대에게 심어주는 것이 좋다.

문어체	구어체
구글, 애플, 테슬라. 누구나 이름만 들어도 알 수 있는 세계적인 IT기업들이다.	구글, 애플, 테슬라라는 이름만 들어도 누구나 알 수 있는 세계적인 IT기업들이죠.
IT기업을 키우는 요람인 실리콘밸리에서는 인재채용의 독특한 특징 하나를 가지고 있다.	IT기업을 키우는 요람인 실리콘밸리에서는 인재채용의 독특한 특징 하나를 가지고 있습니다. "혹시, 어떤 특징인지 알고 계신가요?" (커뮤니케이션 교류 후)
바로 해외인력에 대한 의존도가 높다는 것이다. 인종·학력·배경과는 전혀 상관없이 오로지 그 사람의 실력만으로 인력을 채용한다.	가장 큰 특징은 바로 해외인력에 대한 의존도가 높다는 것입니다. 인종·학력·배경과는 전혀 상관없이 오로지 그 사람의 실력만으로 인력을 채용하고 있다는 점인데요.

가장 대표적인 예로 구글의 최고 경영자, 인도 출신의 선다피차이를 들 수 있다.

가장 대표적인 예로 구글의 최고 경영자인 인도 출신의 선다피차이를 들 수 있습니다.

스피치 스크립트

Intro

- 오늘 발표할 주제는…
- 제가 소개해드릴 내용은
- 이것의 등장배경은 다음과 같습니다.
- 이와 관련된 예로
- 먼저 (자료/이미지)를 보신 후에 이어 설명드리겠습니다.

- 최근 (뉴스/기사/출처)에 따르면
- (주제)에 대해 알고 계신가요?
- 여러분들도 아시다시피
- 보통은 나와 상관없는 일이라고 생각하지만 실상은 그렇지 않습니다.
- 이런 흐름은 마찬가지로 (주제)에도 적용되고 있습니다.
- 저 같은 경우에(는)도

Get to the point

- 예를 들어
- 구체적인 예를 들어
- 쉽게 설명해보면
- 이와 관련된 사례로
- 대표적으로
- 사실 우리 주변에도
- 사실 제 경우에도

- (출처)에 따르면
- (전문가의견)에 따르면
- (속담/격언)에 따르면

- 먼저 (이미지)를 보시겠습니다.
- (관련자료) 다음과 같이 확인하실 수 있습니다.
- 지금 보고 계신 자료는 (   )에 대한 것으로
- (그래프)에서 확인할 수 있듯
- (통계자료)에서 확인하신 바와 같이
- 해당 문제는 매년 꾸준히 발생하고 있습니다.

- 점차 심각해지고 있는 것으로
- 꾸준히 상승하고 있는 것으로
- 그렇다면 이와 같은 문제가 왜 발생하고 걸까요?
- 이 문제를 해결할 수 있는 몇 가지 방법들을 정리해봤습니다.

- 이미 동종업계에서는 관련 서비스를 제공하고 있습니다.
- 이를 실행했을 때 예상되는 효과는 다음과 같습니다.
- 이에 따른 기대효과는 다음과 같습니다.

- 사용자 의견을 통해 그 우수성을 인정받았습니다.
- 직접 시연해보도록 하겠습니다.
- 도입 후 예상 수익률은
- 유사사례를 통해 그 효과를 확인할 수 있습니다.
- 유사사례를 통해 문제점을 확인할 수 있었습니다.
- A도 중요하지만 B도 못지않게 중요한 부분임을 알 수 있습니다.
- 사용자 의견을 통해 그 우수성을 인정받았습니다.

Sentence endings

- 끝으로
- 마지막으로
- 이상 ~ 에 대해서 살펴보았는데요.
- 지금까지 문제의 원인과 해결방법에 대해 살펴보았습니다.
- (주제)에 관한 제 생각으로는
- 끝으로 본 제안의 기대효과 말씀드리면
- (속담/격언)에 이런 말이 있습니다.
- (청유) 노력한다면 해결될 수 있다고 생각합니다.
- 원인을 직시하고, 노력들이 더해진다면~
- 이상으로 발표 마치겠습니다.
- 오늘 이야기는 여기까지입니다.
- 다음에는 더욱더 흥미있는 주제로 찾아뵙겠습니다.

연결어

스피치 리허설을 할 때 가장 꼼꼼히 체크하는 부분 중 하나는 말과 말을 이어주는 연결어를 생각하는 것이다. 맥락을 고려하지 않은 채 그냥 외우기만 하면 이를 말로 표현했을 때 딱딱하고 부자연스러운 느낌이 들기 때문이다. 특히 연결어 없이 반복적으로 여러 번 '다'로만 어미가 종결되면 흐름이 툭툭 끊어져 매끄럽지 않은 말하기가 된다.

> 다음은 목차입니다.
> 다음은 회사소개입니다.
> 다음은 시장현황입니다.
> 다음은 경쟁사전략입니다.

책 읽는 듯한 말하기가 되지 않으려면 문장·단락·맥락의 흐름에 따라 이에 맞는 연결어구를 넣어 말해야 한다. 연결어는 내용의 전달을 원활히 하기 위해 내용과 내용을 자연스럽게 이어주거나, 가이드할 때 쓰는 표현(접속사, 부사, 접속부사 등), 글의 맥락에 따라 관계를 부드럽게 연결해주는 역할을 한다.

종류	관계	연결어
순서	같은 흐름으로 이어 나갈 때	그리고, 그래서, 게다가 뿐만 아니라, 그만큼, 더욱(더욱이) 따라서, 때문에, 이처럼 그러한 측면에서 왜냐하면, 이와 같은 이유로 이것을 토대로 먼저, 첫 번째로, 그 시작으로 두 번째, 다음으로는 세 번째, 마지막으로는 결국, 마침내, 가장 중요한 것은 ~와 동시에 **마침내 시민들의 참여로 인해 법안이 통과되었습니다.**
유사점	유사한 내용, 또 다른 내용을 추가할 때	또한, 이와 비슷하게 같은 맥락에서, ~ 와 같이 뿐만 아니라, 게다가, 나아가 **시민들의 참여뿐만 아니라, 법안도 통과되었습니다.**
차이점 대조	내용을 비교할 때	하지만, ~이와는 반대로 ~와 달리, 반면, ~ 지만, 한편 **시민들의 참여와는 달리, 법안은 통과되었습니다.**
예시	사례를 사용할 때	~예를 들면, 일례로, 예컨대 ~이와 관련해, ~ 대표적으로 ~에서 보이듯 이와 같은 몇 가지 사례를 통해 이것은 다시 말해 조금 더 자세히 살펴보면 조금 더 자세한 예를 들어보면 ~와 같이, ~하듯, ~말하고 있듯 특히 여기서 눈여겨봐야 할 점은 ~더욱이, 추가적으로, 또 다른 예로

예시	사례를 사용할 때	조금 더 자세한 예를 들어보면 여기서 한 발 더 나아가 생각해보면 쉽게 말해, 다시 말해 여러분들도 아시다시피 이와 같은 점을 미루어볼 때 **대표적으로 시민들의 참여로 인해 법안이 통과된 사례입니다.**
인과	원인과 결과	~때문에, ~따라서, ~이처럼 ~이러한 측면에서, ~라는 점에서 왜냐하면, ~인 관계로 이와 같은 이유로, 이것을 토대로 **이러한 측면에서 시민들의 참여로 인해 법안이 통과된 사례는 특별한 기록으로 남게 되었습니다.**
반대	이야기 흐름에 역행	그러나, 그런데, 하지만, 그럼에도 불구하고 이와는 반대로, 다만, ~와는 달리 비록 ~ 한다 해도, 비록 ~ 지만 단, 여기에는 조건이 있다. 오히려, 오히려 이와는 반대로, 이 점을 감안하더라도 **시민들의 참여에도 불구하고 법안이 통과되지 못했습니다.**
결론 접속사	내용을 정리 요약 할 때	즉, 한마디로 요약하면, 이러한 이유에서, 그러므로 이를 종합해보면, 끝으로, 마지막으로 다시 정리해보면, 다시 취합해보면 쉽게 말해, 한마디로 여기서 한발 더 나아가 생각해보면 여기서 우리가 생각해야 할 점은 이에 따른 문제해결방안은 하나의 메시지로 요약해본다면 이를 토대로, 결과적으로, 분명한 것은 **이를 토대로 시민들의 참여는, 법안을 통과시키는 계기가 되었습니다.**

말하기 실력을 향상하기 위해서는 'Reader'가 아닌
'Speaker'가 되어야 한다. 글을 수동적으로 읽는 것에 그치기보단,
자신의 언어로 표현해보는 '능동성'이 중요하다

독자 여러분의
소중한 원고를 기다립니다

메이트북스는 독자 여러분의 소중한 원고를 기다리고 있습니다. 집필을 끝냈거나 혹은 집필중인 원고가 있으신 분은 khg0109@hanmail.net으로 원고의 간단한 기획의도와 개요, 연락처 등과 함께 보내주시면 최대한 빨리 검토한 후에 연락드리겠습니다. 머뭇거리지 마시고 언제라도 메이트북스의 문을 두드리시면 반갑게 맞이하겠습니다.